U0917034

根植乡村 耕读立德

王成先 著

齐鲁书社
·济南·

图书在版编目（CIP）数据

根植乡村　耕读立德 / 王成先著. -- 济南 : 齐鲁书社, 2025. 2. -- ISBN 978-7-5333-5215-8

Ⅰ. G725

中国国家版本馆CIP数据核字第202557V4T1号

策划编辑　孟令君
责任编辑　张敏敏
装帧设计　亓旭欣

根植乡村　耕读立德
GENZHI XIANGCUN　GENGDU LIDE
王成先　著

主管单位	山东出版传媒股份有限公司
出版发行	齊魯書社
社　　址	济南市市中区舜耕路517号
邮　　编	250003
网　　址	www.qlss.cn
电子邮箱	qilupress@126.com
营销中心	（0531）82098521　82098519　82098517
印　　刷	廊坊市新景彩印制版有限公司
开　　本	880mm × 1230mm　1/32
印　　张	5.5
插　　页	3
字　　数	127千
版　　次	2025年2月第1版
印　　次	2025年2月第1次印刷
标准书号	ISBN 978-7-5333-5215-8
定　　价	46.00元

序言一

在这个充满变革与挑战的时代,教育不仅是知识传递的途径,更是文化传承和道德塑造的重要途径。我非常荣幸能够为《根植乡村　耕读立德》一书作序。这本书不仅总结了王成先校长“根植乡村,耕读立德”的教育实践,而且充分体现了王成先校长和他的团队对乡村教育的深刻理解和不懈追求;不仅记录了赵宅中心小学在教育实践中的点点滴滴,更展示了如何在乡村这片沃土上,通过耕读教育,培养学生的德行与智慧,让他们成为既有知识又有德行的新一代国家建设者。

在这本书中,我们可以看到赵宅中心小学如何将传统文化与现代教育相结合,如何在乡村环境中培养学生的实践能力和创新精神。书中的每一个案例、每一项活动,都是对“耕读立德”教育理念的生动诠释。这些实践不仅丰富了学生的校园生活,也为他们的未来打下了坚实的基础。

作为山东省督学，我深知乡村教育的重要性和挑战。《根植乡村　耕读立德》一书的出版，不仅是对赵宅中心小学教育成果的肯定，也是对所有致力于乡村教育的同仁的鼓励和启发。我相信，这本书将会使更多的人对乡村教育有更深的认识和理解，也将激发更多的人投身于乡村教育事业，共同为培养德才兼备的新一代人才而努力。我期待赵宅中心小学在未来的教育实践中，能够继续创新、不断进步，为乡村教育树立新的标杆。

山东省督学

中国教育报2022年度推动读书十大人物

“融合分级阅读”首席专家

序言二

教育是民族振兴和社会进步的基石。在德州天衢新区这片充满生机的土地上，赵宅中心小学以独特的教育理念和实践，为学生的成长提供了肥沃的土壤。《根植乡村　耕读立德》一书正是对这一教育理念的深刻诠释与生动记录。

一、根植乡村，传承文化

赵宅中心小学坐落于德州天衢新区赵虎镇，周边是广袤的基本农田保护区，学校成立于新中国成立初期，有着深厚的文化底蕴。学校秉承根植乡村的理念，将传统文化与现代教育相结合，让孩子们在亲近自然、体验农耕的过程中，学习知识、增长见识、培养品德。这种教育方式不仅有利于孩子们了解和传承乡村文化，更有利于他们在实践中学会尊重自然、珍惜资源、感恩生活。

二、耕读立德，全面发展

“耕读立德”是赵宅中心小学的办学特色，也是学校的教育理念。学校通过耕读教育，培养学生的劳动意识、实践能力和创新精神。在耕作中学习，在阅读中思考，在实践中成长，孩子们的德、智、体、美、劳得到了全面的发展。这种教育模式不仅提升了学生的综合素质，也为他们的终身学习和全面发展打下了坚实的基础。

三、面向未来，培养人才

在全球化和信息化的背景下，赵宅中心小学紧跟时代步伐，积极引入现代教育理念和技术，为学生提供多元化的学习资源和平台。学校致力于培养具有国际视野、创新精神和社会责任感的新一代人才，让他们在未来的社会中能够发挥自己的特长，为乡村振兴和国家发展贡献力量。

《根植乡村　耕读立德》一书，不仅是对赵宅中心小学教育理念和实践的总结，也是对乡村教育未来发展的展望。我相信，通过我们的共同努力，赵宅中心小学将继续在教育的道路上不断探索和前进，为孩子们的未来插上翅膀。

德州天衢新区教体卫生事业发展部部长

序言三

在广袤的鲁西北平原上，赵宅中心小学如同一颗璀璨的明珠，镶嵌在这片充满希望的土地上。今天，为该校王成先校长的力作——《根植乡村　耕读立德》作序，我深感荣幸。

王校长以他对乡村教育事业的独特理解，结合多年教育教学经验，撰写了这部著作。本书不仅记录了他对乡村教育的深厚情感，更展现了他对教育本质的深刻思考；既关注了反思型教师的培养，又描述了德育的创新实施路径。在当前教育改革的大背景下，这本书无疑为我们提供了一面镜子，让我们重新审视教育的路径和目标。

《根植乡村　耕读立德》一书以生动的实例和深入的分析，阐述了乡村教育的重要性和可能性。王校长以其独特的视角，揭示了乡村学校在培养学生、服务社会、传承文化方面的重要作用。他提出的“耕读立德”办学理念，既是对传统教育精神的传承，也是对现代教育理念的创新发展。

在阅读本书的过程中，我为王校长的教育情怀所感动。他关注每一名学生的成长，尊重每一位教师的价值，努力营造和谐、向上的校园文化氛围，这种精神值得我们每一位教育工作者学习和借鉴。

最后，我衷心祝愿这本书能够激励更多教育工作者投身乡村教育，为培养更多有理想、有担当的新时代少年儿童做出贡献。

齐鲁名校长　正高级教师

目 录

凝心聚力，耕读立德

一、基础条件——发展中的农村学校

德州天衢新区赵宅中心小学位于赵虎镇赵宅村，覆盖周边18个行政村。学校始建于新中国成立初期，几经变迁，于2016年迁入现校区。随着历史的发展，学校也经历了和其他农村学校一样的坎坷历程。近年来，读书就是为了脱离农村的观念仍在不少学生家长心目中根深蒂固：很多学生家长不再喜欢农村，不想让自己的孩子继续当农民；很多学生不愿意从事农业劳动，毕业后想方设法也要去城市发展；农村学生因为家长外出打工多数与祖父母一起生活，得到的溺爱偏多。作为一所农村学校的教育工作者，我们有责任教育学生热爱农村、崇敬农民、发展农业，让他们成为拥有现代思维、掌握现代科技、品德高尚、热爱家乡的人才。

王成先老师工作团队"根植乡村，耕读立德"的育人探索与实践始于2012年，先后在两所学校实际运用。之所以称为"根植乡村"，是因为我们认真剖析了自身的实际条件，分析总结出了我们的三大优势：

一是学校具备开展耕读立德教育的优势。

赵宅中心小学占地78亩，周边是广袤的农村（德州市基本农田保护区），周边村民拥有丰富的传统及现代农业生产技术，并愿意为孩子们讲解。学校成立于新中国成立初期，有深厚的历史文化积淀，在耕读立德方面有着几十年的历史传承。目前学校藏书超万册，生均30多册，为阅读活动的开展提供了有力保障。学校一直以来注重德育实践创新，德育案例曾荣获山东省优秀德育案例，德育实践案例获德州市德育创新实践案例二等奖。

二是学校教师团队创新能力强。

教师团队年龄结构合理，思想素质较高，团队骨干成员均为党员，示范引领作用强。他们有理想信念又追求进步，有道德情操又默默无闻，有扎实学识又善于学习，有仁爱之心又不求回报。在课程的开发与实践过程中，他们边学习边参与，边论证边提升，使耕读立德办学特色愈发成熟完善。

三是学校办学理念与时俱进。

学校工作团队于2011年起明确提出"用六年为学生的一生奠基"的办学理念，秉持"为党育人，为国育才"的教育初心，立足于培养学生最基本的素质——生存欲和谋生能力、劳动欲和动手能力、求知欲和学习能力、健康欲和运动能力、合作欲和交往能力、成功欲和审美能力，为他们未来的人生奠定基础。

学校邀请山东省督学刘民生、德州学院杨华教授、天津师范大学傅东文教授、杭州师范大学张峰教授等到校考察，给予指导。在反复论证并报请上级主管部门批准后，学校工作团队于2012年确定开展"根植乡村，耕读立德"的育人实践活动。

二、理论架构——“耕读立德”的教学体系

“耕读传家久,诗书继世长。”中华民族耕读立德的传统源远流长，自古以来,耕读传家观念便深植人心。古代不少知识分子皆以半耕半读为合理的生活方式,以耕读传家、耕读结合为价值取向。久而久之,形成了世代传承的耕读文化。学校将劳动教育、传统文化教育、德育有机融入新时代耕读立德教育中,并与学校德育建设、课程建设相结合,以德育为先、劳育为基、体育为本、智育为翼、美育为魂,坚持五育并举,逐步完善了“耕读立德”的理论框架、课程体系、评价体系、保障体系。通过耕与读的结合,引导学生形成乐观积极的生活态度,促进学生德智体美劳的全面发展。

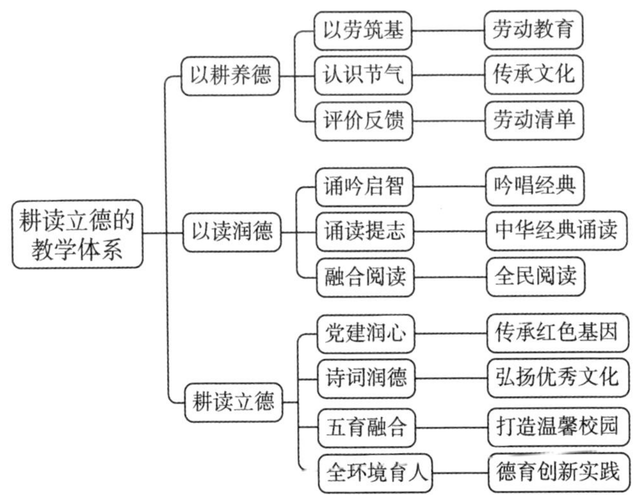

图 1.1 耕读立德的教学体系

课程目标:培养学生的道德品质,提升实践能力与创新精神,促进学生全面发展。

课程内容:传统文化与经典阅读,农业知识与实践,社会服务与志愿活动,道德与法律教育,创新思维与科学实验。

实施方式:课堂教学与讨论,实践活动与体验,社区参与与服务,项目研究与创新,反思与评价。

评估与反馈:学生自我评估,同伴评价,教师评价,家长与社区反馈。

耕读立德教学体系的具体内容:

(1)以耕养德。学校在实践过程中,开发了“耕读立德”的实践基地——耕读蔬苑。蔬苑按照二十四节气命名,划分为24块,每个班级负责1～2块地。给学生提供体验“耕”的实践机会,以此培养学生爱劳动的品质和会劳动、会创造、会合作、会生活的基本技能。开发“生本＋”劳技课程,以“让学生获得劳动体验,形成劳动素养”为基本目标,以“立足现实、贴近生活、方便教学、重视安全”为宗旨,根据教学大纲,分年级编撰《劳动技术》校本课程,内容涵盖“日常家务”“时空倒转”“高新科技”“创意制作”等八类劳动体验内容,分为探究学习、实践体验、交流评议、拓展创新四个板块,提升劳技课堂教学的有效性。探索制定了《赵宅中心小学学生劳动清单制度》,以劳动清单为载体,形成家庭、学校、社会协同联动的劳动育人新模式。

(2)以读润德。我校用包括红色文化在内的中华优秀文化来浸润学生心灵,形成了“母语如歌”普通话朗诵和吟诵体系。

在朗诵方面，编写《小百灵学朗诵》校本教材，系统地教学生朗诵方法；编写红色经典诵读本《红音嘹亮》，选录适合小学生诵读的红色经典故事、党史故事等，配上二维码，便于学生聆听和学习。在吟诵方面，编写了《母语如歌》吟诵教材，系统地教学生吟诵诗文的方法。编写《中华经典诵读》系列读本三册，分别是《静闻经心》《静闻诗心》《静闻文心》。编写《童谣读诵与创作》《儿歌度曲与创作》《抚琴吟啸且徐行》吉他吟诵系列教材，教学生用中国式作曲法自己作曲唱自己的歌。通过诵读和吟诵，浸润学生的心灵，让他们体悟先贤智慧，学会传承，学会修身立德，提高自身综合素养。我们利用节假日以及读书节等活动，让学生搜集和耕读有关的农谚、诗词、春联等；把二十四节气的文化与实践知识、农耕文化以及传统地域特色文化融入校园文化建设中，创造性地开展与“耕读立德”内容有关的童谣征集活动，并将活动成果《二十四节气——我知道》装订成册；举办以“弘扬传统文化　诵读中华经典”为主题的集体诵读比赛；充分挖掘《三字经》《弟子规》等经典中的“耕读立德”内涵，汲取中华优秀传统文化中的智慧，班主任利用晨会课、班会课指导学生对手册中的相关内容进行理解、诵读。2024年，为庆祝《中华人民共和国爱国主义教育法》颁布实施，笔者带领工作团队成员编撰了赵宅中心小学爱国主义系列诗词读本第一册——《愿得此身长报国》，收录了从古到今爱国诗人、词人、仁人志士、革命先驱等的爱国诗词，深受学生们的喜爱，有效地加强了爱国主义教育，传承了红色基因。

(3)耕读立德。以耕与读为支点,利用节庆纪念日、仪式教育活动、校园艺术节等,开展形式多样、主题鲜明的教育活动,以鲜明正确的价值导向引导学生。宣扬红色理想,立德树人。加强少先队队伍建设,开展"新时代好少年"学习宣传教育活动,使学生内化于心、外化于行。注重利用艺术节、读书节、科技节、体育节、足球趣味运动会、田径运动会等个性特长发展平台,开展丰富多彩的活动。实行走班选课,拓展育人途径。以活动为载体,借助社团活动、课后延时服务,积极开辟第二课堂,借助课后延时服务,多方联动,请进来,走出去,让学生自主选设学习日。2024 年,在山东省教育发展促进委员会的帮助下,我校开设传统武术项目——短兵特色课程,并实现学生全员参与!

开发耕读立德课程体系,系统整合学科课程。学校在育人实践过程中,探索耕读教育课程与国家课程的契合点,挖掘耕读文化在学科教学中的影响因素,有机渗透耕读教育。比如数学课,老师带领学生探究耕读文化里蕴含的诸多数学知识,通过扎篱笆讲解图形的周长;测量、计算不同形状地块的面积,估算亩产;根据实际测量的数据统计植物的生长高度,等等。又如体育课,老师带领学生开展传统的体育游戏,如丢沙包、贴饼子、守株待兔,使学生们收获满满;美术课,老师带领学生到种植园内观察、现场写生,指导学生用植物的种子、叶子等制作贴画并进行展览评比。

学校坚持把耕读教育与德育建设相结合,以五彩党建为切入点,将耕读文化充分融入学生的德育课程,形成了五大主题。

一是红色引领主题。紧紧依托党支部,把党建工作与教育教学工作高度融合,切实加强党支部对学校工作的全面领导。在教师层面,注重引领青年教师成长,规范意识形态。在学生层面,致力于培养少先队员成为热爱祖国、理想远大的好少年。结合少先队员易于接受新事物的特点,利用各种教育契机,开展"红色之旅"活动,组织寻访军烈属、英雄模范人物,加深学生对中国革命和建设成就的了解;鼓励学生阅读红色经典读物,撰写读书心得;带领学生到革命历史纪念馆等场所担任"红色解说员",观赏爱国主义电影,进行理想教育,激发他们爱党、爱社会主义的朴素情感,坚定理想信念。

二是金色童年主题。坚持以党带队,紧紧围绕"培养什么人,怎样培养人,为谁培养人"这一根本问题,有效促进学生全面发展。通过生动有趣的方式,激发学生的学习兴趣和学习动力。学校已开设羽毛球、田径、篮球、美术、合唱等 11 个社团,通过走班选课的方式,为学生个性化发展提供助力。以各种社团活动及社会实践活动为阵地,以校园活动为载体,春季举办亲子农耕运动会、艺术节,秋季举办科技节、读书节,努力为每一位学生搭建平台,让学生展示特长、体验成功、懂得热爱生活。

三是橙色感恩主题。依托社会、家庭和学校培养学生的道德品质,通过开展感恩教育,要求学生懂得"知恩图报"和"施恩应当"的道理,做到既有报恩之心,更有感恩之行,在家庭尽孝心,在学校献关心,在社会献爱心。结合周边实际,定期组织

"社区卫生清理""小广告清除""烟头不落地""惠民知识宣传""福利院敬老"等公益活动,以达到"以劳养德"的教育目的,弥补文化课程的不足。

四是绿色创新主题。学校旨在把学生培养为热爱科学、追求上进的好少年。通过参观航空航天展,增强民族自豪感,坚定学习信心;通过学习编程,探索神秘的"二进制"王国。通过科技知识探索、争当绿色小卫士社会实践等活动,结合学科知识的学习与拓展,引导学生对城市生活、未来生活、人与自然等相关问题进行探究,通过自主探究发现问题、研究问题,进而在与他人的合作交流过程中,增强解决问题的能力。通过查找资料—问题设计—实地调研—汇总情况,最后形成调查报告,培养探究精神,增进对社会的认识。

五是蓝色成长主题。通过"小手牵小手""大手拉小手"的形式,开展互帮互学、争当小老师、文明礼仪小标兵、安全在我心等系列活动,重点围绕学生行为习惯教育、学校文化建设、学校安全管理等工作,进一步把德育推向纵深发展。

三、师资准备——培养反思型教师

在项目的起步阶段,我们遇到了预料之内的困难,教师专业能力亟待提升。为此,学校先后多次召开会议,研究部署如何克服困难开展工作。经过商议,决定首先内强自身。随着我国素质教育的实施和新课程改革的推进,"反思"一词开始引起我国教育研究者的关注，越来越多的一线教师开始对“反思性教学”或“反思型教师教育”展开探讨，并从实践层面关注教师“反思”，以促进教师成长发展。学校成功申报立项山东省校本研究专项课题“反思型教师专业成长机制的研究”，为青年教师探索出了一条快速提升专业素养的路径。该课题于2017年7月顺利结题。作为耕读立德项目实施的前期准备，再加上当时农村优秀教师进城的动力和欲望较大，人员流动频繁，新入职教师多，为了快速提升新教师的专业素养，笔者带领全体教师一方面强化师德师风建设，一方面积极进行课题研究，让所有入职三年以内的教师全部加入进来，人人争做反思型教师，提升业务能力。三年之内便有多名新教师获得市级优质课一、二等奖。这些都为接下来耕读立德项目的实施提供了师资保障。下面，笔者将用较长篇幅介绍“反思型教师专业成长机制的研究”课题相关内容。

(一)课题研究目的

教育是具有前瞻性的培养人的活动，教育观念的超前、教育行为的超前都将对一个民族产生深远的影响，带来真正意义的变革。今天的教育担负着比历史上任何一个时期更加沉重的社会期望，这对教师的工作提出了更高的要求。教师作为一种职业，正在走向专业化。只有教师的专业化才能促进教学的专业化和教师专业水平的提高，只有教师专业水平的不断提高才能造就高质量的教育水平。如果教师的职业不被社会尊重，教师没有社会地位，那么这个社会的教育大厦就会倒塌，这个社会也不会进步。1994 年我国实施的《中华人民共和国教师法》规定,教师是履行教育教学职责的专业人员。这是我国教育史上第一次在法律上肯定了教师的专业地位。1995 年,我国又建立了教师资格证书制度。这些都为教师职业的专业化提供了有利的条件。

教师的专业成长途径包括两大方面:一是对教师进行有计划有组织的培训和提高,它源于社会进步和教育发展对教师角色与行为的规范、要求和期望。二是教师的自我完善,它源于教师自我角色的愿望、需要、实践和追求。自 20 世纪 80 年代以来,各国都在探索教师成长模式。西方国家出现了多元化教师发展模式,如教师能力本位运动(CPTE)、教学效果本位运动(PBTE)和学校本位教师发展运动(SBTE)等。其中,注重教师自我反思发展形成鲜明特色,"反思"一词成为国际教师教育领域广泛流行的时代语言,并由于其独特优势而受到推崇。"反思性教学"和"反思型教师教育"已经是国际教师教育改革的一项重要内容。教师对自己教学行为的回顾、诊断和调适,加深对教学活动规律的认识理解,达到对教学行为、方法和策略的优化和改善,提高教学能力和水平,从而适应不断发展变化着的教育要求。教学反思也赋予教师新的角色定位,即教师成为研究者。这表现出与其他专业如律师、医师相当的学术地位,使教师群体从以往无专业特征的"知识传授者"提高到具有一定专业性质的学术层级上来。

自从实施新课程以来,师资水平就成为新课改能否顺利进行的关键因素。教师的成长，观念更新是前提，专业水平是基础，而教学反思则是提高教师职业素质的好方法之一。教学反思是促进教师专业发展最基本、最可行、最实用、最有效的方式之一。随着新课改的不断推进、新课程的普遍实施，教学反思越来越被人们关注和重视。广大教师积极投身其中，以通过教学反思提升自身能力。

我国的教育工作者结合当前教育改革实际，在促进教师的专业成长中，大力倡导并实施反思性教学的理论。他们对反思性教学的实质与特点有着较为深刻的理解，对反思性教学与专业发展之间的关系有着正确的认识，对反思性教学促进教师专业成长的机制也做了许多有益的尝试，取得了可喜的成绩，为我们的研究打下了基础。有鉴于此，我们把研究目的定位为：通过课题研究，探索反思型教师专业化成长的途径和方法，丰富和完善教师专业化理论；构建学科教师教学反思的操作模式；培养一大批各学科专业化教师队伍。

（二）课题研究的实践意义及理论价值

教师专业成长问题是教师教育的核心问题，是教师教育改革的出发点和归宿。发达国家教师专业成长理论与实践走了一条由强调教师地位到重视教师角色或实践的道路，而反思型教师教育是实现教师专业化的最佳路径之一，是教师专业发展的最好切入点之一。因此，探究反思型教师专业成长的理论与实践问题，把教师培养成反思型教师，就是抓住了教师专业化的关键、核心，因此具有重大理论意义和现实意义。

我们认为，教师走上工作岗位后，真正的专业化成长来自教育教学实践，而且离不开教学反思这一重要环节。叶澜教授说，一个教师写一辈子教案不一定会成为名师，但如果认真写三年反思则有可能成为名师。可见，教学反思是教师专业化成长的催化剂。对于教师来说，教学反思不是一种面向学生时的教学方法或策略，而是一种用来提高自己的专业素养、改进教学实践的学习方式。教师在先进的教育理论指导下，借助于行动研究，不断对自己的教学实践进行反思，积极探索、解决教学实践中的问题，努力提升教学实践的合理性，并使自己逐渐成长为专家型教师。

从教师成长的角度看，教学反思是教师的一种自我学习、自我提高，学习的方式是探究式、发现式学习，学习的主体是自己，对象是自己的教学实践，学习过程中的关键环节是“反思”和“探究”。实践(行动)—反思—调整—再实践(行动)……在这样一个循环往复的教学过程中，不断提高自己的专业素养和整体水平。

教师专业化成长是指教师在整个职业生涯中，通过专门训练和终身学习，逐步习得教育专业知识与技能，并在教育专业实践中不断提高自身的从教素质，从而成为一名合格专业教育工作者的过程。促进教师专业化成长是当前教育改革与发展的重要主题，其核心是引导教师主动适应新形势，自觉追求高水平，把教师职业变成育人为本的专业，努力提高自己的师德水平和专业知识与技能，并通过实践不断努力磨炼和反思，提高自身专业水平。在教师专业成长的内涵中，教师应把自己看作一个成年的学习者、一个反思的实践者、一个具有缄默性知识基础的人，能够对自己的价值与他人的协调实践关系不断进行反思和再评价的人。

本课题的研究运用现代教育理论，立足学校教师实际，以教学反思为立足点，探索教师专业化成长的途径。本课题的研究对提升教师整体素质具有重要的实践意义，对丰富教师教育理论和教育科学的发展也具有重要的理论意义。撰写教学反思是反思型教师专业化成长的有效途径。在教学实践过程中，教师不断进行教学反思，就有可能促进其专业化成长。另外，教师积极地变身为行动研究者，也是反思型教师专业成长的另一个重要途径。

杜威、舍恩作为其主要代表人物，为反思性教学理论的确立做出了大量的贡献。20 世纪早期，教育哲学家杜威第一次提出了要把教师看作教学活动的反思者，而不仅仅是教育活动的执行者。在他看来，具有反思性教学理念的教师具有很强的责任心，他能够虚心听取和接受他人的意见，并主动弥补自己的不足。杜威将教师的反思行为解释为：反思行为自发地对自己的行为进行认知和评价，它需要对任何想法和假定的知识进行积极的、持久的、仔细的思考，并对行为的结果进行反思，促进行为向更理性和更高的水平上发展。舍恩则进一步对教师的反思进行了讨论，他把反思划分为“对行动的反思”和“在行动中的反思”两种类型，同时强调教师要善于根据自己的教育教学实践活动进行反思，不断提出问题并努力解决。继二者之后，我国教育界也开始了对反思性教学的探讨。

实事求是地讲，如能将教学反思贯穿于教学工作的始终，对新课改的顺利实施将有很大的促进作用。写教学反思不是一件难事，但要积极主动地写好教学反思却并不容易。在教学常规检查中，关于教学反思，我们的确发现了一些问题：一是敷衍应付。一些教师把写教学反思（课后记、教学随笔等）当作教学任务来完成，为应付常规检查而写反思。这样的“反思”仅仅是一种形式而已，其内容要么与课堂教学风马牛不相及；要么词不达意，东扯西拉；要么摘抄文稿，权当“反思”。二是认识浅显。有些教师的教学反思表层化，反思不深刻，只注重对课堂教学效果的思考，从根本上忽视了对自己教学理念、教学行为的深层次反思。例如“这堂课的教学效果很好，除少数同学外，大都掌握得还不错，本节课基本完成了教学任务，除个别环节外，其他方面都实现了教学目标”，这类“反思”不痛不痒，只停留在发现问题——“少数同学”“个别环节”存有缺憾这一层面上，而对产生问题的深层次原因——教学理念、教学方法、教学手段等未进行理性化的思考。三是写成总结。一些教师的教学反思与教学总结别无两样，呈现出的内容是对某一个教学阶段（一个教学单元或一周）教学情况的回顾与总结，肯定这一阶段的教学成绩，寻找不足。这类“反思”的主体成分是检讨阶段性教学的得与失，是对教学工作的自我评价。

可以说，上述形式的“反思”其实不是真正意义上的教学反思,存在着诸多值得我们反思和需要纠正的问题。那么,到底如何才能让教学反思对我们的日常教学产生实实在在的促进作用,从而帮助我们实现真正意义上的专业成长呢?新课程改革开始以来,我校在积极组织教师和教学管理人员参加各级部门组织的培训、研讨活动的同时,还结合学校的具体情况不断进行探索研究,力求使教师及管理者的思想认识及教学实践能力有所提高,使教育教学质量有进一步提升。可以说,教学反思已经成为中小学开展校本教研,促进教师专业发展最基本、最可行、最实用、最有效的方式之一。

(三)课题研究程序

研究设计:深入学校进行广泛调研,征集教师反思成长的典型案例,引导广大教师学习反思理论、典型案例和教学反思的基本策略,创设反思成长的研究交流平台,通过学习—实践—反思—提高,探索构建教学反思运行机制,完善实施策略和操作模式,通过举办反思论坛、案例研究、论文评选、教学比武、阶段总结等活动,实现教学反思的自觉性、习惯性、常态化,促进教师实现个性化、超越性、创新性专业发展,丰富教学反思和教师专业成长理论。其主要载体如下:

(1)学习培训。组织教师学习教学反思与教师专业成长的理论,举办教学反思技能培训,研究、明晰教学反思的内涵、特征、意义,唤醒教师的反思成长意识,形成研究氛围。

(2)案例引领。搜集教学反思的典型案例,组织教师分析、领悟反思技术,学习并掌握自我反思(包括教学案例、教学故事、成长档案等）和集体反思（听评课、经验交流、互动式培训、论坛等）的方法，在教学前反思，在教学中反思，在教学后反思，观察、反省、解决教学问题，提高教学反思的能力。

（3）项目推动。主要通过“三关注两反思”的集体备课和“三课两评一反思”的课例研究模式推动教学反思的常态化和深刻性。“三关注两反思”的集体备课，主要是针对部分教师在备课时，照搬现成教案集或参考书“克隆”备课的现状，借鉴课改区的经验，结合我校实际，提出的“个人研究—集体研讨—分享充实—生成完善—反思提高”的五环节备课流程。即备课伊始先由个人剖析教材、确定重难点、设计教法与学法，在这个过程中，关注的是自己；然后由备课组集体商讨教学方案，选择最佳教学设计，最终达成共识，在这个过程中，关注的是他人；对于集体研讨的方案，个人要进行反思，寻找自己的差距，并对自己的教案进行改进和完善；教师通过实践预设的教案，对发现和生成的问题及时进行研究，找出解决的方法，进一步完善教学方案，在这个过程中，关注的是学生；课后再次反思，提高施教能力。五环节集体备课强调反思和改进，能有效提高教师的反思能力，促进专业化成长。“三课两评一反思”课堂教学研究模式的主要特征是连环式行为跟进，基本流程是常态课（原常态行为，个人教学经验的显现）→一评（关注原有教学问题，寻找个人经验与团队智慧的差距）→改进课（动态完善行为，团队教育智慧的显现）→二评（关注教学问题的改进与生成，寻求理念的内化与教育效果外显的差距）→提高课（新常态行为，个人教学智慧的创建)→反思(关注过程研究，注重实践反思，感悟教育智慧，实现专业提升)。这一课例研究模式能有效促进教师的集体反思和共同发展。

(4)活动促进。市教研室和各学校以各种活动(如公开课研讨、优质课评选、教学反思论坛、周末学术沙龙、优秀案例征集等)为载体，及时组织广大教师进行教学反思交流，研讨反思内容、方法和实施途径，构建教学反思操作模式，完善教师专业成长的理论和策略。

(四)课题研究对象

本课题重点围绕教师的专业化发展这一核心，探索解决影响教学反思的障碍，构建有效的教学反思运行机制和实施策略，通过教学反思这一“桥梁”，使教师实现由“理念”到“行为”的转变，养成自觉反思和终身学习的习惯，从自我反思中激发生命潜力，逐步提升人生价值以充分实现自我，促进专业成长，形成专业意识，进而带动学生创新与进步，提升教育的品质和效能，推动课程改革顺利实施。

(五)课题研究方法

1.调查研究。调查了解教师专业成长的自身要求及教师教学现状，调查教师反思意识的强弱、反思行为的多少、反思习惯的养成等情况，为课题研究奠定基础。

2.叙事研究。参与研究的教师真实地叙述教学反思的体验和经历，进而感悟出教学反思与教师专业成长的关系及实施的价值和意义。

3.行动研究。本着“在行动中研究，在研究中行动”的思想，组织教师把教学实践作为认识对象进行思考和梳理。通过比较，找出理念上的差距、方法上的差异、行为上的差别，通过教学反思，引领教师实现专业持续成长。

4.案例分析。组织教师在研究自己的课堂和其他教师课堂的过程中，捕捉、积累有价值的案例，从教师的反思行为看教师的专业发展，期待教师通过教学反思这一途径使自己在教学生涯中获得一定成就。案例研究由来已久，最初源于医学界，后来逐渐应用于法学、管理学的专业教育中。教学案例研究是教育研究者在总结前人经验的基础上提出的，是建立在详细而系统的理论研究基础之上的。案例研究是教师反思教育教学实践的有效途径之一，是对一个真实教育活动情境的描述，其中包含着明显的教育疑难问题及矛盾冲突，以及对这些问题的解决方法。教学案例研究通过记录教师亲身经历的教育教学中的真实问题，结合自己的教学理论，对案例中的问题进行重新认识和解读，并在此基础上反思自己的教学活动，从而提高自身的教学水平。案例研究对反思性教学的实践具有重要价值。作为成长的教师，利用案例研究的方法可以有效提高教学水平。案例的撰写要遵循亲历性和典型性的原则。首先要收集典型案例。课堂是案例的主要来源，除教师自己的课堂，其他教师的教学活动、教学案例书籍等也可以作为案例的来源加以运用。其次，要选择恰当的案例。好的案例能够清楚地展示教学实践的矛盾冲突，从而起到使教师对教学行为进行反思的作用。最后，要对案例进行研究和分析，这是教师反思教育教学实践的重要环节。教师对实践的研究不能仅仅停留在具体的描述上，还要揭示教育教学实践所蕴含的教育教学原理和规律。

(六)课题研究技术路线

加强理论学习。几年来，课题组组织教师学习了华东师范大学熊川武教授的《反思性教学》、山西大学刘庆昌教授的《反思性教学的两个问题链》、浙江师范大学宋明钧教授的《反思：教师专业发展的应有之举》等理论性文章；购买了《教师专业发展导论》(李宝峰与谭贞合著，黑龙江教育出版社 2012 年版)、《反思型教师的成长机制探新》(鱼霞著，教育科学出版社 2007 年版)、《做反思型教师》(王国明著，中国轻工业出版社 2013 年版)等大量书籍，供教师阅读参考；编写了《师道》发放到教师手中，用来记录反思，日反思、周反思、月反思、学期反思、年反思，层层递进，让教师理解教学反思的一些理论问题，明确开展教学反思对提高教师素质和教学质量的意义。通过理论学习，课题组教师更新了观念，提高了认识，明确了研究目的，为推动课题研究工作提供了理论支持。

开展研究活动。我们在两年左右的时间里，主要开展了四大研究活动。一是以教研组为单位，开展教学反思，构建课例教学反思校本教研模式；二是以青蓝工程为对象，开展教学反思与教师成长系列活动，构建青年教师反思成长培养模式；三是以课堂教学为阵地，开展课例教学研究，通过专业引领和同伴互助方式，构建教师教学反思操作模式；四是以撰写教学反思文章、心得等为重点，开展教学反思，构建教师个人教学反思与教学行为成长模式。在开展课题研究活动中，按照研究计划，举办了教学公开课评比、教学论文评比和撰写教学反思心得、教学课后记、教学案例、教育叙事等活动，使一大批教师在教学反思中不断成长，使教学反思成为教师的一种职业习惯。

收集整理资料。在开展课题研究的过程中，课题组制定了相应的研究制度和工作职责，要求所有参与研究的教师按时上交相关资料。每个学期末，将所有资料进行收集整理、分类归档，以备今后参考使用。在撰写课题研究报告的过程中，进行了广泛而深入的讨论，确立了撰写研究报告的框架和基本内容。

(七)课题研究结论

成为一个反思性实践者的过程在很多方面与童话《棉绒兔》中的玩具变成“真”动物的过程相似。不过，成为一个反思性实践者，不仅要像玩具那样有耐心，还需要教育者努力超越陈规陋习和日复一日的功能模式。就像 Ross 等人所说的那样，成为反思性实践者的过程在本质上是没有终点的，它是永不停息地致力于成长、改变、发展与进步的过程。反思性实践的“黄砖路”(yellow brick road)与《绿野仙踪》中的不同，它的终点不是翡翠城，而是永无止境，没有尽头——过程本身就是目标。

反思性教育的推广者唐纳德·舍恩(Donald Schon)曾说过，反思性实践在本质上是一种包括教育者、学生与家长在内的反思性对话。教育者必须明白，他在一个意义的脉络中进行行动，而别人对这一脉络会有不同的阐释与理解。反思型教育者必须尽可能广泛地考虑这些不同的——有时候甚至是相互冲突的——阐释、理解与现实建构。成功没有捷径，要成为一个反思型教师，所要走的路很长。我们在较长时间内一直致力于寻找反思型教师专业成长之路，并在我校青年教师中推广应用这些做法，取得了非常好的效果。从教师入职到参加德州市各学科优质课比赛并获得一、二等奖，大多数老师用了不到三年的时间。通过研究，我们总结出以下几种方法。

方法一是书写教学日志。

在当前教育形式下，日志写作成为一个重要实践。与编写教学计划一样，写教学日志并没有唯一正确的方法。成功之道因人而异，应该鼓励他们去探索最适合自己的方法。尽管如此，我们还是从许多成功的范例中提取了一些撰写教学日志的经验与大家分享。2012 年，德州市教育局在刘民生老师的牵头下，在全市推广了《师道》这一落实反思机制的有效载体。日有所感，月有所思，年有所得。教师在一天的教学、生活之余，写下他们的教学感悟、教学反思甚至生活点滴，并进行反思，从中提取理论，还可以在微博或微信中与自己信任的人分享日志。很多一直保持书写教学日志的教师最终成为名师。

撰写教学日志，让教师在反思自己的教育教学行为中自我检讨，筛选并淘汰不良的行为习惯。反思涉及一系列相应的态度和品德。教师完成整个教学任务，实现教学目标，一方面需要以科学的理性态度和方法对教育教学的本质进行深刻的理解,并在此基础上建立起观念理性和相应技术理性的结构体系,这自然必须对自己的已有行为和习惯进行重新审视和考察,筛选并保留好的行为习惯,淘汰、改变坏的行为习惯。如认真检讨自己在教学过程中是否表现出适当的谦恭、足够的勇气、公正的品质、豁达的心胸、丰富的情怀、敏锐的判断力和丰富的想象力,是否有耐心、自知之明、亲切感和幽默感,等等。这些品质风格不仅体现着教师的教育教学观、师生观、知识观和评价观等,也体现着教师的智慧。随着教师经验的逐步积累和丰富,教师在教育教学中会随时对自己的教学实施有效的监督和调控,这正是教师专业成长的途径和标志。

若将教学日志单纯定义为教学反思,笔者认为应明确以下几个方面的问题。

一是什么是教学反思,写教学反思有什么作用。

教学反思,是指教师在教学实践中,批判地考察自我主体的行为表现及行为依据,通过观察、回顾、诊断、自我监控等方式或给予肯定、支持与强化,或给予否定、思索与修正,将“学会教学”与“学会学习”结合起来,从而努力提升教学实践合理性和教学效能的过程。简单地说就是:我为什么这样教?这样教有什么成功的地方?有什么不足的地方?应该怎样教更好?在教的过程中有什么感想?

教学反思是校本教研的重要内容之一,是教师成长的重要途径,是教师提高业务水平的重要手段。经常反思可以激活教师的教学智慧,使其探索有效的教学模式,构建师生互动机制及学生学习的新方式;不断反思可以进一步激发教师终身学习的自觉冲动,使其不断发现教学中的困惑,从而促使自己不断进步。教学反思常常被认为是教师专业发展和自我成长的核心因素。如果一名教师缺乏反思自己教学行为的意识和习惯,那么将很难成为一名优秀的教师。

二是如何进行有效的教学反思。反思分为课前反思、课中反思、课后反思。

首先是课前反思。在备课过程中,应先反思新课改下教学目标应怎样制定,如"三维"目标的体现、学生能力的培养等;还要结合以往的教学,对教学过程的主要环节进行反思,反思环节的设计是否做到了从学生的实际认知能力和兴趣出发,由浅入深、由点到面等;还要针对学生以往学习中出现的主要问题进行反思,设计出详细的具有实际操作性的解决办法。这样,教师在教学的过程中才能真正做到有的放矢,而备课也就不会仅仅流于形式。

其次是课中反思。许多教师在进行实际教学时都曾遇到过这样的问题:事先设计好的比较理想的教学环节或方法,在实际教学中的效果却不如设想得好。这时教师首先要认识到课堂教学不是一成不变的。教师在课堂教学过程中需要不断调整教学的方式方法。例如在前一个班课堂上发生的种种"意外",就可以成为教师很好的反思材料,要利用有效的时间(课间十分钟等)进行调整和改进,以便在下一个班进行更有效的教学。

最后是课后反思。

反思成功之处。如教学过程中达到预先设计的目标、提高教学效果的做法，课堂教学中临时应变得当的措施，层次清楚、条理分明的板书，某些教学思想方法的渗透与应用的过程，教学方法上的改革与创新等，将这些详细地记录下来，供以后教学时参考使用，并可在此基础上不断地改进、完善、推陈出新。

反思失败遗憾之处。即使是成功的课堂教学，也难免有疏漏失误之处，对它们进行回顾、梳理，并做出深刻的反思、探究和剖析，找到解决问题的办法，使之成为以后教学时应吸取的教训。

反思师生在教学过程中出现的思维亮点。在课堂教学过程中，随着教学内容的展开，师生往往会因为一些偶发事件而产生瞬间灵感，这些“智慧的火花”常常是突然而至的，若不及时利用课后反思去捕捉，便会烟消云散，令人遗憾。

简单地讲，在课堂教学结束之后，我们可以通过追问自己一些问题而达到反思的效果。例如：这堂课是否达到了预期的教学目标？如果说达到了，标准是什么？如果说没有达到，标准又是什么？这堂课在哪些方面是成功的？在哪些方面还可以进一步改进？后续教学的打算有哪些？这堂课的教学设计与实际教学行为有哪些差距？我在课上是如何处理这些差距的？处理的方法是否恰当？这堂课上发生了哪些令我印象深刻的事件？这些事件对我来说意味着什么？我以后需要关注什么？

三是明确反思的内容。关于反思的内容，可分为以下三个方面。第一个方面是反思教学理念。教学理念倡导以学生的发展为本。反思教学是否确定了学生的主体地位，学生在课堂上学习的主动性、独立性、自主性、体验性是否得到充分体现；反思教师角色是否转换到位，在师生关系上是否做到了尊重学生、赞赏学生；在教学方式上是否做到了与学生平等对话。第二个方面是反思教学过程。反思教案设计流程是否合理，反思教学情境中师生的情感是否交融，反思学生的“智慧火花”“创新火花”是否得以点燃，反思是否恰当处理学生提出的问题。第三个方面是反思教学得失。对于教学过程中的精彩片段，详细记录下来，在此基础上通过反思继续改进、完善，供自己或他人在以后的教学中借鉴使用。对于教学瑕疵之处，认真进行回顾、剖析，找出原因，分析关键因素，形成新的教学片段。

四是进行教学反思应该注意什么问题。

贵在及时，贵在坚持。一有所得，及时写下，有话则长，无话则短，以写促思，以思促教，在反思中成长提高。

注重主动性、批判性地反思。教师对自己的教学行为、知识技能和学生的学习方式、结果进行主动性、批判性反思，进一步更深层次地把握自己的优缺点及应改进的地方，使教师和学生一起成长。

教师要注重将反思的结果用于实践之中，反思本身不是目的，目的在于切实变革教学方式，提升教师的教育教学水平。因此，教师一方面要注重反思教育教学现象或问题，另一方面也要注重将反思的成果用于后续的教育教学活动中，不断改进教学方式，提升教学水平。

每课有反思，学校在常规检查时不会查点字数，关键看是不是有感而写，只是为了完成字数的反思是浪费时间。

我们认为，只有明确了以上问题，才能深刻领会教学反思的内涵，掌握其内在本质和实施策略，用心去反思自己的教学实践，自觉自主地反省自己的教学理念和行为，用文字认真地把自己通过反思得到的感悟、感想记录下来，有意识地形成自己的教学风格。只有这样，我们的教学反思才不是“任务”，才不至于流于形式，才具有实效性和长效性；我们的课堂效率才能提高，教学质量才能提升；而我们教师才能在反思中不断成长，不断提升专业素养。

方法二是描述法。

如果你细心观察，就会发现一个很有趣的现象，那就是在我们周围有很多教学成绩非常出众的老师，你和他们交流的时候，却得不到你想要的答案。其实，这是心理原因在作祟：教师更多地想把自己创新性或洞见性的东西呈现在属于自己的课堂内，从而造成许多工具性的技巧无法与别的教师分享。为了解决这一问题，我们查阅了大量的文献资料，最后确定用描述法来解决。描述法的最常见表现形式是公开课与讲评课。在这个过程中，教师团队有机会相互观察，并描述他们所看到的东西，然后与其他团队成员分享自己的心得。这是教师以一种反思性、建设性的态度对教与学的性质以及自己的教学实践进行反思。

随着教育装备的升级换代，许多学校在课堂中引入了摄像机，尤其是在山东全省开展的“一师一优课、一课一名师”活动，使得教师课堂实录生成的速度达到了与课堂同步。在评课之前，先由授课教师仔细观看自己的课堂实录，这对促进教师反思自己的某些不足具有重要作用。

方法三是系统的教育理论学习。

要让教师有反思意识的觉醒和能力的增强，系统的教育理论学习是必要的，也是必需的。以赵宅中心小学为例，近年来诸多年轻教师不乏创作热情，但真正到了提笔写作的时候，却又感觉下笔无物，不得不中途搁浅，其实很多人都明白“书到用时方恨少”，却又不停地上演“袋里无米难下炊”的现实剧。教师在教学实践中对教育教学观念的理解和把握，需要教育教学外在价值标准的内化才能实现。教育理论能引导教师确立新观念、改变教育教学行为，并促进他们在专业上自主发展。

教师在实践中的困惑和迷茫恰恰反映出自身理论的欠缺或理解的肤浅甚至偏离。老师只有把实践中反映出来的问题上升到理论层面加以剖析，才能探寻到问题的根源，才能有效反思，提升自身水平。然而现实却是，不少教师对教育理论不感兴趣，在没有与他们的教育教学实际需要产生强烈共鸣时，他们会排斥理论，认为这些都是理论家坐在办公室“造”出来的，不切合教学实际。我们要努力将理论学习变成他们自发的需要。

我们在进行教师业务培训的过程中，也加入了阅读教育理论书籍的任务，并且会想方设法引导教师读书，并将其中的一些理论与实际教学过程中的案例挂钩,进行解读,以使教师加深对教育理论的理解,从而激发教师学习的内在动力。

方法四是成为行动研究者。

反思通常是教师对个人内隐的教育观念进行改造的过程。这些观念通常在教师的头脑中已经形成了思维定式,尤其是对从教多年的教师而言,要改变这些观念绝非一朝一夕的事。我们不难发现,许多教师也经常反思,但他们的教育观念和行为改变得不大。所以,教师在反思过程中,要注重将反思的结果运用到教学实践中,努力改变自己的行动。实现“实践—反思—行动”是教师的观念、行为改变与内化的重要一环。在众多的研究方法中,能有效促进反思与行为互动的方法是行动研究。

行动研究是社会情境或教育情境的参与者,为提高对所从事的社会或教育实践的理性认识,为加深对实践活动及其依赖的背景的理解,而进行的反思研究。行动研究有这样一些特征:研究者主要是实践参与者,专家也偶有参与,但是与实践者是平等协作的关系;研究对象是研究者从事的社会或教育实践;研究目的是获得能够应用于自己专业实践的知识,以更好地理解和改进实践;在研究方法上,行动研究者针对实践问题,采用一个由计划、行动、观察和反思等环节构成的螺旋式循环方法。行动研究本质上是深入地参与实践、批判性地反思实践、建设性地改进实践的过程。行动研究的基本模式是:计划—实施行动—观察—反思(包括“分析”“解释”“评价”等)。

这充分体现了行动研究如何促使反思与行为相互促进的情形。

按照行动研究的模式，教师对自己教育实践中出现的问题进行反思，提出解决问题的方法，并在教育实践中加以运用；运用之后进行观察，再反思。如果计划存在缺陷或未达到理想的效果，教师可以修正自己的计划，再一次应用到实践中去。这种以经验为基础的模式有利于教师通过经验反思在经验中提升能力。

研究表明，教学反思能促进教师的专业成长，而且是教师专业成长的重要有效路径之一。长期的教学反思能使教师对教学的理解逐渐深化，使教师反思最基本的教学技能，反思教学的实践智慧，反思教学的实施策略，形成一个反思的梯度。通过教学反思，教师也在逐渐成长，由新教师逐渐成长为合格教师、骨干教师、学科带头人和专家型教师等。

研究还表明，持续的教学反思有赖于学校教研活动的支持，外部的引导与要求对教师个体反思有重要作用。教学反思与教研活动有机结合，能极大地提高教研活动的质量。教师群体反思比个体反思更有效，通过交流探讨，能够深化对教学问题的认识，使教师的专业成长更迅速。

两年的研究，从选题到实施，再到形成研究报告，课题组成员做了大量工作。自课题研究工作开展以来，课题组认真组织教师学习本课题的相关理论，转变教学观念，提高教学理论与实践水平。教师通过对课堂教学的回顾反思，了解了自己在课堂教学中存在的问题，努力探索课堂教学的方式方法，提高课堂教学水平。

没有教学，反思就没有意义，没有反思，教学就只能在原地徘徊。古人言，“思之不慎，行而失当”。提升教师的教学反思能力是促进教学的重要途径。我校 11 名青年教师的教学反思能力在实验前的摸底调查评定结果是，反思能力达到良好等级的只有 1 人，占 9.09%；达到及格等级的有 4 人，占 36.36%；不及格等级的有 6 人，占 54.55%，这说明教师的反思能力令人担忧。从调查分析中发现：(1)教师的思想观念落后。在教学出现问题时，教师不愿意从自身找原因，而是责怪学生存在某些问题。(2)教师的教学理论缺乏。教师的教学思想还停留在传统的教学观念上，对新的教学理念一知半解，没有真正理解新的教学理念，在教学中往往用传统的教学理念处理问题。(3)教师的课堂教学还是以传统的教学方式进行，以教师为主体，关注学生比较少。因而大部分教师的教学反思缺乏理论性，不会从新的教学理念出发，阐述如何把新的教学理念贯穿到实际教学中。同时，教师缺乏反思能力，便不会准确地对课堂教学中教师、学生存在的问题进行剖析，不能查找原因并寻找有效的解决办法和途径。在两年的实践研究中，我们组织教师学习了大量的相关理论，丰富教师的教学理论，促进教师形成主动反思的意识，为教师开展实践研究打好理论基础。教师通过反思教学中存在的问题，学习借鉴别人的教学方法，结合本班学生的实际设计教案，进行实践验证，使教学效果和反思能力都有了较大的提高。

实验后,11名教师的反思能力达到优秀的有3人,占27.27%,比实验前提高了27.27%;良好的有4人,占36.36%,比实验前提高了27.27%。

在教学反思的态度方面,研究教师认为真正的反思不是领导要求你去思,不是别人强迫你去想,而是要教师自己发自内心、用心去反省自己的教学理念和行为,自觉自主地反思自己的教学实践。在教学反思的行为方面,认为有效的教学反思贵在及时,贵在坚持,要用文字认真地把自己通过反思得到的感悟、感想等记录下来,以记促思,以思促教,以教促改,长期积累,必有“聚沙成塔”的收获。教师理解并掌握了进行有效教学反思的方法,才能有效提升教学反思能力。

教师在反思时,借助以下的两个问题链可以促进教学反思的有效进行。一是观念的问题链:我为什么要反思——我什么时候反思——我反思什么——我怎样做算是反思。二是操作的问题链:我做了什么——我的做法有效吗——我的做法合理吗——我还能怎样做。

教师进行教学反思时,必须每日坚持“十问”的自我反思策略:一问上课前我还有哪些准备工作没做好。二问课堂上我组织教学的情况怎么样。三问教学中我是否激发了学生学习的兴趣。四问教学中我引导学生学习的方法是否有效。五问课堂上学生在知识、能力、方法和情感等方面有什么收获。六问课堂上我是否恪尽职守、投入激情了。七问我的教学设计在课堂上落实得怎么样。八问今天上课我的“得”与“失”在哪里。九问今天的教学效果自我感觉如何。十问明天我还有哪些工作和任务要做。

证 书

德州经济开发区赵虎镇方庄完小:

由王成先主持的山东省校本研究专项课题《反思型教师专业成长机制的研究》，按计划完成研究工作，经专家鉴定，准予结题。

课题组主要成员：方金平 靳荣慧 邢瑞

山东省教育科学研究院

2017年7月

编号：0000350

图1.2 《反思型教师专业成长机制的研究》课题结题证书

本课题的研究不仅有利于提升教师的专业素质、教学技能、教学水平，还有利于增强他们的职业情感和社会责任感。李孝民、满文玉等几位年轻教师在入职后迅速成长，三年之内便获得了市级优质课一、二等奖，冯晨、管鲁振、郑凌云、冯君君、李丽丽老师分别获得了市级荣誉。教师因反思而成长，因成长而成就学生，因成就学生而发展学校，如此良性循环，生生不息。

以耕养德，阅读自然

一、以劳筑基 品味农耕

为了将耕与读相结合，学校将课堂教学与劳动实践相联系，开发了5亩蔬菜基地（耕种园）、5亩园林基地（耕植园），打造了实践基地——“耕读蔬苑”。耕种园按照二十四节气命名划分为24块地，每个班级负责1～2块地。学生在闲暇时间到各自负责的基地里去实践，在老师和技术员的指导下，体验通过劳动收获丰硕果实的过程。在整个种植过程中，学生全流程参与，全面学习种植及管理方法，通过多种途径收集各种蔬菜的营养成分、食用价值、二十四节气的由来等各方面相关知识。通过“种植”“管理”“收获”“品尝”“分享”五大主题实践活动，让学生在生活中实践，在实践中生活。孩子们从实践中明白了做人的道理，感受到了团结协作的力量，体会到了劳动的艰辛与快乐。耕植园由学生和专业技师共同负责，除草施肥，剪枝嫁接，采摘果实。吃着自己种植的蔬果，不仅放心，更多的是开心。在实践基地，学生不仅收获了蔬菜水果，还收获了习惯，改掉了懒惰的缺点，收获了成功，树立了信心。这也使学校体验到了生活德育、劳动益智、劳动育人的育人方法的快捷有效。

学校依托耕读文化资源，从体认、体验、体悟耕读文化三个层面，建设校外学生劳动体验基地，开展了丰富多彩的综合实践活动。与学校仅一公里之隔的卧佛堂贾庄村，建有天衢新区最大规模的农业合作社。学校积极与管理人员对接，充分利用各种资源，建立了“花圃”“蔬菜”“庄稼”三大实践基地，根据农时组织学生开展实践活动。学生与农艺师面对面交流，手把手学习各种技巧，既学到了一技之长，又培养了热爱乡村、热爱劳动的情怀。

学校通过一系列扎实有效的“耕读”体验实践活动，拓展和丰富了素质教育的途径，从中探究地域资源与劳动实践的内在联系，从感性和理性的层面上，探索耕读文化的育人功能，促进办学特色的形成。

学校以“让学生获得劳动体验，形成劳动素养”为基本目标，以“立足现实、贴近生活、方便教学、重视安全”为宗旨，根据教学大纲，分年级编撰《劳动技术》校本课程，内容涵盖日常家务、时空倒转、高新科技、创意制作等八类劳动体验内容，分为探究学习、实践体验、交流评议、拓展创新四个模块，提升劳动技术课堂教学的有效性。学校还探索制定了《赵宅中心小学学生劳动清单制度》，以劳动清单为载体，形成了家庭、校园、社会协同联动的劳动育人新模式。

(一)劳动实践教育目标

赵宅中心小学的劳动实践教育旨在培养学生爱劳动、会劳动、尊重劳动成果，以综合实践活动为载体，通过组织学生参加日常生活劳动、生产劳动和服务性劳动，达到培养学生正确劳动价值观和良好劳动品质的目的。以每周的劳动教育课程为基础，以学校地方课程二十四节气为线索，利用植树节、寒暑假期、劳动节、国庆节等时间节点，在学校劳动教育实践基地、学生家中、校外实践基地等，广泛组织和指导学生进行生活、生产和服务性劳动，引导学生主动参与实践，从中体验劳动带来的乐趣，以劳动促进学生道德品质的成长，促进劳动习惯的养成。通过自我服务劳动、家务劳动、公益劳动和简单的生产劳动实践等，使学生初步学会一些基本的劳动知识，逐步培养正确的劳动观念、良好的劳动习惯以及热爱劳动和劳动人民的情感。

(二)课程群建设

赵宅中心小学各年级扎实开展劳动教育课程，每班每周安排 1 节劳动教育课，教师以课本为依据，结合实际情况，组织学生积极参与课内外实践活动。除此之外，学校开展了一系列劳动教育实践活动，让学生在劳动实践中不断提高思想认识，学会并掌握劳动技能。

1.常规劳动教育课程

教师以教材为依托，利用教学工具，科学指导学生进行相应的劳动学习。劳动课程侧重于学生多做，教师适当演示，更多的是创设轻松的氛围，师生共同合作，同时指导学生多参与、多体会，使学生形成一种乐于劳动的心理愿望和性格特征。

2.校园劳动教育实践

在教学中借助劳动教材，培养学生的劳动技能，将课本知识与生活实际相结合，使学生学会劳动技能。同时结合学校的实际情况，教给学生一些基本的劳动技能。如入校第一次大扫除，教给学生怎样扫地、排课桌、打扫公共区域等，既可美化校园、教室,又使学生学会了打扫的方法。这样不仅可以让学生在劳动实践中实现自我成长,养成合作互助的好习惯,还有利于形成健康向上、团结互助的集体氛围。

3.二十四节气串联学年劳动教育实践

以学校二十四节气课程为依托,根据每个节气的气候特点、民俗特色,根据学生身心发展特点,开展丰富多彩的劳动实践活动,使学生深入了解我国的劳动文化。

4.重要节日拓展丰富劳动教育实践

以国家重要节日(如劳动节、端午节、中秋节、国庆节、春节等)为契机,以学生喜闻乐见的形式开展劳动实践活动,将节日相关特点和劳动教育有效结合,挖掘不同节日中的劳动素材,创新设计相关劳动活动,注重学生的劳动参与率及过程性感受,使学生深入了解我国重要节日蕴含的劳动文化和育人价值。

5.其他课程与劳动教育实践

在各学科中融入劳动教育内容,学校在语文、道德与法治、艺术等学科中,渗透热爱劳动的观念;在数学、科学、信息技术、体育与健康等学科中,培养学生劳动的科学态度、效率意识、创新精神;在综合实践课程中,培养学生善于探究、乐于体验的劳动素养。教师通过学科整合,寻找学科与劳动教育的契合点,开展跨学科综合实践活动。

6.劳动清单制度指导家庭劳动实践

学校主动探索一至六年级学生劳动家庭作业的系列化,形成了科学有效的劳动清单制度,有利于家长指导学生做好家庭劳动实践活动。学校注重多元反馈评价,突出培养学生的自理能力,努力做到家校共同监管,促进学生完成劳动养成教育,习得基本的生活技能、生活经验、生活知识等。学校通过劳动技能比赛为学生提供劳动展示的舞台,以检验学生的劳动成果、激发学生的劳动热情、磨炼学生的劳动意志,使学生逐渐养成积极的劳动意识、良好的劳动习惯、正确的劳动态度。

7.社会劳动教育实践

充分运用各类活动和载体,为学生参加劳动提供平台,组织开展研学教育社会实践活动、志愿服务活动和校外公益活动,并将此作为校外劳动教育实践活动的重要环节和路径,努力培养学生尊重劳动的意识和良好的社会行为习惯。

(三)成效及影响力

学校自开展系列劳动教育实践活动以来,培养了学生吃苦耐劳的精神,激发了学生在劳动中发现问题、解决问题的能力,变单一的体力劳动为创造性劳动,提升了学生的创新精神,磨砺了学生的劳动意志,改善了学生的精神风貌,形成了全学科育人合力,有利于学生德智体美劳的全面发展。

(四)保障措施

学校高度重视劳动教育实践在教育教学中的重要地位,开设开全开足课程,通过培训给予教师专业指导,通过家长学校提升家长的劳动育人观念,将校园劳动实践基地作为学校耕读立德教育的重要载体,对劳动活动给予财力物力的支持,全面保障劳动教育的实施。

(五)评价及发展方向

学校科学设计劳动教育的评价方式,实行教师、学生、家长的多元评价模式,注重使用多样化评价方式,如问卷反馈、以照片或视频的形式呈现、技能比赛展示、劳动感受分享等,将学生的学期劳动表现纳入综合评价之中。

陶行知先生说:“劳动教育的目的,在谋手脑相长,以增进自立之能力,获得事物之真知及了解劳动者之甘苦。”赵宅中心小学将继续深耕劳动教育工作,致力于做实、做细、做精,以践行新时代劳动教育的担当,让生命更有温度,在劳动中促成长,在实践中育新人。

二、认识节气 传承文化

赵宅中心小学依托丰富而且独特的地理、民俗等乡土资源,以培养和提升学生的人文素养为目标,以爱乡爱国情怀为纽带,充分发挥学校教师、学生的积极性,探索校本课程开发的资源途径,创新课程管理实施制度,构建具有学校特色的劳动技术校本课程教材《二十四节气——我知道》,与国家课程、地方课程形成优势互补。借助教材、课程、劳动实践活动等,将古诗词、农谚、农耕知识、技能技巧知识相融合,开发隐性课程资源,将吟诵、劳动实践、教材编写、特色德育活动、校园环境融合起来,同步构建校园文化。

为了更好地在学校里推广耕读立德教育,构建具有浓郁耕读特色的校园文化环境,学校共设立了三块文化阵地。进入校园,首先映入眼帘的是鲜明的社会主义核心价值观。其下还有八个大字——“根植乡村　耕读立德”。紧邻耕种园的学校南墙为“耕读立德”主题文化墙,一共五部分,每部分之间由精选的耕读文联间隔,300 米环道南侧文化墙上是体育运动造型图案。教学楼内是“传统美德”楼梯文化和二十四节气楼道文化。楼梯文化为固定板块,主要节选《三字经》《弟子规》《论语》以及唐诗宋词名句等。二十四节气楼道文化为活动版块,随着节气变换而应时更新,包括手绘、童谣、树叶画等,均为学生自己创作。这些文化阵地加强了耕读立德的教育氛围,旨在让学生受到潜移默化的影响,不知不觉中滋润学生的心灵。

学校开发建设耕读文化,形成具有学校特色的校风、学风,凸显“耕读立德”的办学特色。在耕种园里,每个班都至少认领一块地作为自己的领地,起园名,做介绍牌介绍蔬菜,还要附上班级口号;在教室内部,学校统一开辟班级文化墙,统一安排布局,内容由各班级自己设计,可以是农谚、童谣、学生字画、优秀学生代表的照片或获奖作品及证书等。每个班级教室的后面都有一块用若干泡沫箱做的“蔬植角”,种植着不同品类的蔬菜和花卉。它不仅是耕读实践活动的“自留地”,更给学生提供了许多作文的素材,如以日记的形式写下植物栽种、生长变化的过程和自己的感受、体验。各具特色的文化设计既与“耕”有关,体现了“耕”的特色,又具有丰富的内涵,彰显了“读”的特色。

三、依托劳动课程　提升科学素养

在当今教育背景下,科学素养与劳动教育对学生的发展具有重要意义。作为一名农村小学校长,笔者深刻认识到将两者有机融合在一起的必要性和可行性。这种融合不仅能够丰富学生的知识储备,还能培养他们的实践能力和创新精神,为他们的全面发展奠定坚实基础。

(一)充分认识科学素养与劳动课融合的意义

科学素养是指人们运用科学知识、科学方法和科学精神去认识自然和社会现象,解决实际问题的能力。劳动课是培养学生劳动技能、劳动习惯和劳动精神的重要途径。在农村小学,学生与自然环境接触更为密切,劳动资源丰富,这为科学素养与劳动课的融合提供了天然优势。

首先,这种融合能够激发学生对科学的兴趣。在劳动过程中,学生会遇到各种自然现象和问题,如植物的生长、土壤的肥力等。通过引导学生运用科学知识去探究这些问题,他们会对科学产生浓厚的兴趣,从而主动学习科学知识。其次,它有助于培养学生的实践能力。科学知识只有通过实践才能得到更好的理解和应用。在劳动课上,学生可以将科学知识运用到实际操作中,如合理施肥、灌溉等,从而提高他们的实践能力。最后,这种融合还能培养学生的创新精神。在劳动中,学生可能会遇到一些传统方法无法解决的问题,这就需要他们运用科学思维去创新,寻找新的解决方案。

(二)在劳动课中融入科学知识

1.种植课程中的科学知识

农村小学的种植课程是劳动教育的重要组成部分。在种植过程中,教师可以融入植物生长的科学知识。例如,在播种环节，教师可以讲解种子的结构和发芽条件，引导学生思考为什么有的种子能发芽而有的却不能。在植物生长过程中，教师可以引导学生观察植物的形态特征，如茎的向光性、根的向地性等，并解释这些现象背后的科学原理。此外，还可以让学生了解土壤的成分和肥力对植物生长的影响，引导他们进行简单的土壤实验，如测量土壤的酸碱度、肥力等。通过这些活动，学生不仅学会了种植技能，还掌握了植物生长的科学知识。

2.养殖课程中的科学知识

养殖课程也是农村小学劳动教育的重要内容。在养殖过程中，教师可以融入动物生长的科学知识。例如，在养鸡课程中，教师可以讲解鸡的生理结构和生长周期，引导学生观察鸡的行为特征，如觅食、饮水、休息等，并解释这些行为背后的科学原理；还可以让学生了解动物的疾病防治知识，引导他们进行简单的疾病诊断和预防。通过这些活动，学生不仅学会了养殖技能，还掌握了动物生长的科学知识。

（三）通过科学实验辅助劳动教学

科学实验是培养科学素养的重要手段。在劳动课中，教师可以设计一些简单的科学实验来辅助教学。例如，在种植课程中，教师可以设计一个关于不同光照条件下植物生长的实验，让学生把相同的植物分别放在不同的光照条件下，观察它们的生长情况，并记录实验数据。然后，引导学生分析实验数据，理解光照对植物生长的影响。在养殖课程中，教师可以设计一个关于不同饲料对动物生长影响的实验，让学生针对相同的动物分别喂养不同的饲料，观察它们的生长情况，并记录实验数据。

然后，引导学生分析实验数据，理解饲料对动物生长的影响。通过这些科学实验，学生不仅学会了科学探究的方法，还加深了对劳动知识的理解。

（四）开展科学与劳动融合的实践活动

实践活动是科学素养与劳动课融合的重要途径。学校可以组织一些科学与劳动融合的实践活动，如“科技小农庄”活动。在这个活动中，学生可以自己设计和建造一个小农庄，运用科学知识进行种植和养殖活动。教师可以引导学生进行科学规划，如选择合适的植物和动物品种、设计合理的种植和养殖布局等。在活动过程中，学生可以进行科学探究，如观察植物和动物的生长情况、分析影响生长的因素等。通过这些实践活动，学生不仅提高了科学素养和劳动技能，还培养了团队合作精神和创新精神。

（五）加强师资队伍建设

科学素养与劳动课的融合需要一支高素质的教师队伍。学校要加强师资队伍建设，提高教师的科学素养和劳动教育能力。首先，要组织教师参加科学素养培训，让他们全面掌握基本的科学知识和科学研究方法。其次，要组织教师参加劳动技能培训，让他们全面掌握基本的劳动技能和劳动教育方法。最后，要鼓励教师进行教学研究，探索科学素养与劳动课融合的教学模式和方法。通过加强师资队伍建设，提高教师的教学水平，为科学素养与劳动课的融合提供有力保障。

在农村小学，将学生科学素养提升与劳动课有机融合具有重要意义。通过在劳动课中融入科学知识、通过科学实验辅助劳动教学、开展科学与劳动融合的实践活动，以及加强师资队伍建设，可以有效提高学生的科学素养和劳动技能，为他们的全面发展奠定坚实基础。我校于2017年开始，在山东省教育科学研究院的指导下，开展基于学生核心素养发展的小学科学教学策略研究。该研究课题被列入山东省教育科学"十二五"规划2017年度教学专项课题(课题批准号XJ0782)，于2021年结题。课题成果如下。

基于学生核心素养发展的小学科学教学策略研究

【摘要】中国学生发展核心素养，以科学性、时代性和民族性为基本原则，以培养"全面发展的人"为核心，分为文化基础、自主发展、社会参与三个方面，综合表现为人文底蕴、科学精神、学会学习、健康生活、责任担当、实践创新六大素养。课改以来，广大教师在提升学生核心素养发展方面进行了不懈的努力与探究，有了不少新的发现、新的创造，创造了许多新的教学模式和教学课型。"以学定教，以教导学"则成为新模式、新课型的核心理念。我校自承担山东省教育科学规划委托课题"基于学生核心素养发展的基础教育课程与教学改革研究"子课题"基于学生核心素养发展的小学科学教学策略研究"(课题批准号XJ0782)以来，积极探索，总结出以多元互动、问题情境、信息运用等为主的教学策略，收到了很好的效果。

一、主体部分

为把党的十八大和十八届三中全会关于立德树人的要

求落到实处，2014年，我国印发了《教育部关于全面深化课程改革落实立德树人根本任务的意见》，提出“教育部将组织研究提出各学段学生发展核心素养体系，明确学生应具备的适应终身发展和社会发展需要的必备品格和关键能力”。研究中国学生发展核心素养，主要有三个原因。一是全面贯彻党的教育方针，落实立德树人根本任务的迫切需要；二是适应世界教育改革发展趋势，提升我国教育国际竞争力的迫切需要；三是全面推进素质教育，深化教育领域综合改革的迫切需要。核心素养课题组历时三年集中攻关，并经教育部基础教育课程教材专家工作委员会审议，最终形成研究成果。

1.研究问题：研究目的—研究意义—研究假设—核心概念

1.1研究目的

本课题旨在探寻基于学生核心素养发展的小学科学教学策略，归纳总结高效的课堂教学方法。课堂教学方法是教师对课堂上学习情境的创设控制，对教学时间的合理分配，对达成本课时教学目标的策略使用，对课堂气氛的调节，对学生学习方法的指导应用。《教育部关于全面深化课程改革落实立德树人根本任务的意见》提出要加快核心素养体系的建设。国家深化课程改革、落实立德树人目标的基础是核心素养体系的建设，是接下来课程改革深化工作的重要组成部分，也是未来改革基础教育的指导，地位极其重要。科学学科的核心素养是学生在接受科学教育过程中逐步形成的适应个人终身发展和社会发展需要的必备品格和关键能力，是学生通过科学学习内化的带有科学学科特性的品质,主要包括科学观念与应用、科学思维与创新、科学探究与交流、科学态度与责任等方面。

课改以来,广大教师在提升学生核心素养发展方面进行了不懈的努力与探究,有了不少新的发现、新的创造,创造了许多新的教学模式和教学课型。“以学定教,以教导学”成为教学新模式、新课型的核心理念。“以学定教”中的“以学”是指基于学生,为了学生;“定教”主要是指确定教学的内容、目标、策略和方法。基于以上分析,我们认为,如何构建“以学定教,以教导学”理念指导下的有利于学生自主、合作、探究学习的教学新课型,是广大教育工作者应认真思考的问题。

1.2 研究意义

小学科学作为小学阶段一门基础性的学科,承担着贯彻落实核心素养的重要职责。本课题的研究将以现代教育思想为先导,建设以学为本的模式,坚持学为主体,真正做到因材施教、因学施教,旨在让学生发挥潜能、主动学习、自主探究、勇于质疑、善于拓展、大胆创新,切实改变低效或无效教学的状况。教师在指导学生建构学科知识体系的过程中,发挥自己的优势和特长,努力形成符合学科实际且富有特色的科学课堂教学有效性策略体系,以指导学生进行有效学习,提高小学科学课堂教学的有效性。

1.3 研究假设

(1)贴近生活,联系实际,培养学生科学精神的核心素养。

科学源于生活又高于生活，日常生活中的许多现象往往蕴含着科学道理。学习科学要善于观察、善于发现。这就要求教师的教学要与生活实际相结合，不论在课内还是课外，都要应用生活化的教学模式，使学生真正做到学有所得、学以致用。

(2)开拓渠道，加强科普阅读。儿童对大千世界的兴趣几乎是与生俱来的。科普阅读是儿童获得知识的核心环节之一，也是儿童精神成长的重要手段。科普阅读是早期的播种行为。大量优秀人才的成长经历表明，他们的科学兴趣是在儿童时期萌芽的。加强阅读，勤于动手，积极探究，培养学生实践创新的核心素养。

(3)2017年版《义务教育小学科学课程标准》指出，小学科学课程是一门基础性、实践性、综合性的课程。探究式学习是学生学习科学的主要方式。学生要在探究过程中理解科学概念，掌握科学方法，培养科学态度。在活动中学习科学，既是课程内容本身的要求，也符合儿童认知发展的阶段性特征。小学科学课程的活动性，表现在强调儿童通过亲身经历科学活动，学习科学知识，培养科学态度，提升科学素养。

1.4 核心概念

核心素养：当代中小学生发展核心素养应以科学性、时代性和民族性为基本原则，以培养“全面发展的人”为核心，划分为文化基础、自主发展、社会参与三个方面，综合表现为人文底蕴、科学精神、学会学习、健康生活、责任担当、实践创新六大核心素养。小学科学课程是以培养学生科学素养为宗旨的科学启蒙课程。研究表明,核心素养具有发展连续性和阶段性的特点,小学阶段核心的科学素养包括:实证意识、科学概念、探究能力、科学思维和科学态度。教学的使命和目标就是培养学生的核心素养,我们要教给学生可以受益终身的智慧、方法和能力。

课堂教学方法:指教师为了调动学生的各种感官,激活学生的思维,促使学生不断地思考,有效完成教学任务而有目的、有意识地采取的一些教学方法、技巧。教师在课堂上要有一个整体的掌握与调控意识,要根据教学内容、教学环境及教学对象的不同,有机整合、重组课堂生成的新的有效资源,灵活运用课堂提问、教师角色转换、课堂信息重组、课堂评价等策略,使学生成为自主学习、合作探究的行动者,个性化地展开与文本、环境诸因素的对话,从而促进课堂中的动态生成,提高课堂教学效率。

2. 研究背景和文献综述:理论基础——相关研究成果

2.1 课题理论基础

(1)符合《全日制义务教育科学(3～6年级)课程标准(实验稿)》的基本理念

《全日制义务教育科学(3～6年级)课程标准(实验稿)》提出“科学学习要以探究为核心”的基本理念,并指出,探究既是科学学习目标,又是科学学习的方式。亲身经历以探究为主的学习活动是学生学习科学的主要途径。科学课程应向学生提供充分的科学探究机会，使他们在像科学家那样进行科学探究的过程中，体验学习科学的乐趣，增长科学探究能力，获取科学知识，养成尊重事实、善于质疑的科学态度，了解科学发展的历史，并领悟科学的本质。但探究不是唯一的学习模式，在科学学习中，灵活和综合运用各种教学方式和策略都是必要的。

(2)皮亚杰和布鲁纳的建构主义理论

建构主义学习理论强调以学生为中心，注重学生的前认知，注重体验式教学，培养学生的探究和思维能力。不仅要求学生由外部刺激的被动接受者和知识灌输的对象转变为信息加工的主体、知识意义的主动建构者，而且要求教师由知识的传授者转变为学生主动培养科学素养的帮助者、促进者。这意味着教师应当在教学过程中采用全新的教学策略、教学方法和教学设计理念，逐步构建起儿童的外部世界知识，从而使儿童的认知结构得到发展，并在“平衡—不平衡—新的平衡”的循环中得到不断丰富、提高。

(3)学生为主体和教师为主导的理论

学生是教学的主体，因此教学活动只有在学生的积极主动参与下，只有学生充分发挥主观能动性，通过动手、动脑、动口，才能取得较好的教学效果。但学生在探究的内容、方式、方法和程度等方面都受到自身基础知识、能力发展水平和身心发展水平的制约。学生主体的这种不成熟性决定了他们还不能成为完全独立的探究主体，因此探究活动还需要在教师的组织引导下有目的、有计划地进行，而不是放弃教师的主导，放任自流。教师的“导”正是为了使学生逐步成为真正独立的探究主体。

2.2 相关研究成果

20 世纪 70 年代，国际著名学术团体提出由“维持性学习”转变为“创新性学习”的理念。此后，“学会认知，学会做事，学会共同生活和学会生存”在联合国教科文组织《教育——财富蕴藏其中》的报告中被提倡。我国在 20 世纪 90 年代初，开始对素质教育进行改革实践。这些改革的思想和方式都以培养人才为目标。进入 21 世纪以后，人们才更多关注学生核心素养的培养和提升。而对于学生核心素养是什么的问题，每个人都有自己的理解和表达。2014 年，《教育部关于全面深化课程改革落实立德树人根本任务的意见》强调了深化课程改革的重要意义，并指出课程改革的重要内容之一是研究制订学生发展核心素养体系和学业质量标准。因此，小学科学应结合学生发展核心素养体系，明确小学科学的育人目标。提问是课堂教学活动的重要手段，是小学科学课堂教学中最常见的师生交流方式，对培养学生科学核心素养有不容忽视的作用。基于核心素养，通过提高小学科学课堂提问质量，增强学生的科学认知，培养学生的科学能力，锻炼学生的科学思维。王晓明在《基于核心素养视角下的小学科学教学实践研究》一文中指出，完善体验在先的学习方式、培养合作学习能力、发展学生多素养的结构和进行教学内容重组都是较为有效的方法。要发挥科学课程的实际效果,就一定要坚持开放、实践、合作的原则。与此同时,教师在设计问题时要注重激发学生的兴趣,探究内容要体现课标要求,设计有利于培养学生探究能力的活动。袁春江老师专门对提问方式进行研究,提出了三条思路:联系生活创设问题情境,增强学生的科学认识;通过科学实验探究提问,培养学生的科学能力;补充隐含价值观的提问,锻炼学生的科学思维。

3. 研究程序:研究设计—研究对象—研究方法—技术路线

3.1 研究设计

核心素养作为一个统率各国教育改革的概念,必然引领并拉动课程教材改革、教学方式变革及教师专业发展、教学质量评价等关键教育活动。下文基于小学阶段学生身心特点可达到的核心素养层次,结合学科教学特点,重点研究如何在课堂教学中,采取有效的教学策略。

3.2 研究方法

(1)以行动研究法为主

行动研究法即在教与学的过程中,边实践,边探索,边检验,边完善,把研究与实践紧密结合起来,边归纳,边总结,最终探索出提高课堂教学效率的有效方法,积累丰富有效的课堂教学实践经验。这是本课题研究使用的主要方法。

(2)以文献分析法和问卷调查法为辅

文献分析法是学习理论、收集信息的重要方法。信息资料主要源于教育理论书籍、报刊及网络上的其他相关资料等。通过分析这些资料，获取相关的理论知识，以准确地界定课题研究的价值、可行性及关键概念的内涵与外涵，并制订研究目标与实施方案等。

问卷调查法主要用于调查该课题研究之初本校课堂有效教学的现状、师生情况，以及研究过程中、研究之后的相关状况，为研究的顺利进行提供事实性依据。

3.3 研究保障

(1)学术保障

具有开展课题研究的实践基础。我校曾承担山东省教育科学“十二五”规划课题“农村儿童良好习惯的养成研究”、“十三五”规划课题“农村留守儿童家庭教育现状及对策研究”，山东省校本研究专项课题“反思型教师专业成长机制的研究”、德州市规划课题“独立思考在小学数学合作学习中的应用研究”等课题，并均已顺利结题，有关于如何构建高效课堂等的大量研究成果，具有开展课题研究的丰富经验与实践基础。

具有开展课题研究的队伍基础。本课题的研究工作由校长挂帅，主要参与人员全部具有大学本科以上学历，多人多次在国家各类论文评比活动中获奖，并有多篇论文刊出。课题组还聘请教育局教科所科研人员担任课题组顾问，组建由教育专家、学校领导、教学教研主管、学科带头人、优秀教师组成的科研群体，确保课题研究工作科学、顺利进行。

（2）措施保障

专家培训引领，夯实理论基础。学校注重加强学习培训，提高教师的科研能力。通过邀请专家做报告和组织骨干队伍学习班、教研组活动、教师自学等形式，开展校本培训，学习课程开发理论，拓宽眼界，提高思想，形成共识。同时，加强教学反思，举办教师论坛，调动全体教师开发课程教学方案的积极性和自觉性。

配足配齐资料设备，建立网络科研平台。虽然我校是一所农村小学，但是已构建了校园计算机网络，各教室均配备多媒体教学平台，已拥有较为完善的现代化教学设备，可以充分利用这些现代化教育教学设备完成这项研究。

加强科研管理，提供制度保障。学校制定了课题管理和学习、研讨激励制度，定期组织现场观摩交流活动，开展论文、课例评比，展示优秀成果和先进经验，以保证课题研究顺利进行并完成预期的阶段性成果。同时，规范管理，以提高课题研究质量，注重推广课题成果和提高课题研究的实效性。

提供科研经费，给予财力支持。学校现计划投入研究经费 8000 元，其中用于前期调研、开题报告的经费 1000 元，用于实验、考察及配套相关资料设备的经费 5000 元，用于收集、印刷、录制成果的经费 2000 元。我校将设立专项科研经费，为课题研究提供财力支持，提升广大教师的科研热情，确保课题研究顺利完成。

4.研究发现或结论

优秀的课堂教学策略对培养提升学生的核心素养具有重要作用,讲究教学策略也是成为一名优秀教师的必备条件。课题组老师们经过反复试验,最终归纳总结出六种策略。

4.1 多元互动策略

即从多个角度采取多种形式、利用多种资源进行个性需求的整合互动,形成多元智能的个性化教学策略。学习、研究、掌握多元互动的教学策略,目的是培养学生自主或合作探究、综合构建的能力,进而使每个学生都能够实现全面和谐发展、个性充分发展和可持续发展。

(1)多元互动策略的特征

互动是人类互相交往、互相作用的活动形式。教学互动是指教与学两个要素围绕课程目标,针对同一个事实,包括现象、问题、事务、案例等,主动参与、积极交往沟通和相互作用的规则性运动形式。多元互动教学是指多主体、多指标、多方位、多角度、多形式的多种互动构成的教学方式。

教学互动要素主要有互动主体、互动内容、互动工具、互动方式等。互动双方可通过语言、体态等进行当面现实互动,通过媒体网络进行远距离互动,通过图书资料进行互动,这些是常用的基本互动工具及方式。多元互动策略的基本特征是突出互动主体的自主性、交互性、整体性与建构性。

自主性,是说参与互动的相关要素能够根据本身需求和体验各自处于独立、主动的参与状态，并能够对自身的参与行为进行反思、体验、领悟和自我调控，而不是处于跟动、从动、拖动的被动状态，更不是跟着感觉走而不去内省达到自知。如果只是一方主动，另一方跟动，那就不叫互动，因为互动的某一方缺乏自主性。传统教学是教师向学生单向传递知识，学生只是被动接受，学生缺乏学习的自主性。新课程强调教师的教与学生的学要进行互动，就是要求教师根据学生的不同需求和课程的目标要求，激发、调动学生参与互动的自主性。自主性是多元互动策略的基本特征，也是对学生进行自主学习的基本要求。

交互性，是说互动双方是相互作用的、平等的、有益的。多元互动教学的交互性表现为，互动的相关要素都能根据各自需求和体验，针对某一事实进行交往合作、研讨交流补充与分享。交互性要求互动双方在民主平等的基础上，进行互帮互助、互利互惠，实现教学相长、共同发展。传统教学的一大弊端是师与生不平等、教与学不民主。在社会信息化、经济知识化、全球一体化的今天，学生的知识来源已不仅仅是教科书，教师依赖对书本知识的先知先觉垄断课堂教学的局面已经被打破。社会发展的大环境为实现互动的交互性提供了客观条件。教师在多元互动教学中，和学生一样，也能得到提高与发展，也有适应提高与发展的任务和要求。

整体性，是说教与学的互动要素在多方位、多角度、多样式的多元互动过程中，都有必然的内在联系，教师要指导学生在各种互动中寻找交叉点、渗透点、整合点，以求得多元互动教学的整体效果。多元互动的过程是一个分散进行的多时空的开放系统，要充分认识每种互动在多元互动过程中的地位与作用，认真做好每一种互动；同时，还要尽可能地将各种互动联系起来进行比较、反思、整合，这样，多元互动教学的最佳效果才能展示出来。

建构性，是指学生在多元互动教学中，可以从不同的起点出发，可以自由选择适合自己的互动方式，可以认定自己通过努力能够实现的目标，并不断将输入的信息进行分类排队、编码加工，以新的结构输入自己的脑库中，这样每个学生的个性特征就有了差异。也就是说，多元互动教学要求教师不要把千差万别的学生都统一到自己的套子里，而是帮助指导具有差异的学生建构自己具有特色的个性化智能结构。

(2)多元互动策略的运作方式

新课程概念告诉我们，课程是由教师、学生、教科书、环境等要素互联互动、共生共创、整合建构的"生态系统"。在这个"生态系统"中，运用频率最高、规则性最强的互动运作方式主要有五种。

第一种是学生对教科书、信息资料、环境的同化互动。同化互动，就是学生凭借自己已有的知识和能力去同化新知识的互动。同化互动的目的是体验自主探究的情趣，培养自主探究的能力，获取部分新知。学生在阅读中，要与文中人物对话，与文章作者对话，思考研究文章的写作意图，品味文中人物的情感、形象、意义、价值；学生在学习一项定理、公式获取新知识的过程中，要与定理、公式的发明者对话，要与教材编写者对话，探讨定理、公式的来源及其应用价值、应用特点，领会教材内容的编写意图。学生在环境中要与问题情境中的相关要素对话，力图找到解决问题的程序与方法。学生凭借已有的知识与能力，查阅相关图书资料，利用媒体网络信息，在新知产生与发展过程中发现问题、提出问题、分析问题、解决问题，反思自己的探究行为，体验感悟自己的探究过程与方法。这一尝试探究的互动是应用已有的知识同化新知识的互动。

第二种是环境、教科书对学生的顺化互动。顺化互动与同化互动的方向相反，指环境、教科书对学生的改造性互动。当学生凭借原有的知识能力、方法策略不能解决新问题、不能同化新知识时，就要对学生原有的知识技能、思考方法、智能结构进行补充、修改、重组和构建，以获取新知识、适应环境。顺化互动的目的是使学生原有的知识结构得到新的提升。其特点是整合建构性与主动适应性。

第三种是循环递升的平衡互动。在多元互动教学中，由同化互动使学生获取新知识，实现新智能结构的暂时平衡，再由顺化互动打破这种同化互动得到的暂时平衡，通过调节、组合、重建达到更高水平的新的平衡。同化互动与顺化互动交替进行，由较低水平的平衡互动不断提升到较高水平的平衡互动。这种循环递升的平衡互动，就是学生与教科书、学生与环境进行多元互动的运动规律。正如皮亚杰所说,智慧的行为依赖于同化与顺化这两种机制能从最初不稳定的平衡过渡到逐渐稳定的平衡。学生才智的形成与发展,正是在同化互动与顺化互动交替进行的循环递升的平衡互动中实现的。

第四种是学生与师生的人际互动。学生与教师、同学之间的交往互动,是不同学习起点、不同学习方式、不同学习体验、不同学习结果的交流研讨、合作与分享,是把书本知识活化了的经验性互动,是对环境、情境问题探究的思维过程与方法、情感与领悟的互补性互动,与前三种互动相比,是性质不同的教学互动。前三种互动的主体是学生与教科书、与环境,而学生与师生互动的主体是人与人。前三种互动的主要内容是新旧知识或多科知识之间的互动,是学生与知识的互动,学生与师生互动的主要内容是不同特质的人对知识掌握的过程与方法、情感态度与价值观的交流研讨。它以前三种互动为基础,又是对前三种互动的拓展、延伸、融合和提升。虽然前三种互动也渗透了过程与方法、情感态度与价值观,但那是学生在同化互动、顺化互动及平衡互动中,在个体内部对自身知识与能力、过程与方法、情感态度与价值观进行的初步融合,而学生与师生的互动则是对三维目标怎样进行有效整合进而养成核心素质的群体合作探究。在多元互动教学中,明确各种互动的性质、目的和特点才能使每种互动达到最佳值,才能使多元互动取得最佳的整体效果。

第五种是学生个体的内部加工性互动。如果说学生与教科书、与环境、与教师、与同学等要素的互动是外部摄取交流性的活动，那么学生自身眼、耳、鼻、舌、身心的互动，则是学生个体的内部加工性互动。内部加工性互动的目的是对知识进行消化吸收，形成稳定结构，装入脑库，以备输出使用。

4.2 问题情境策略

问题情境策略是把若干新知渗透到奇妙有趣的情节、场景或故事之中，以解决情境中的问题为需求，激发学生在环境中发现问题、分析问题、解决问题的兴趣和自信，认识“做中学”的价值，培养学生将知识与技能、过程与方法、情感态度与价值观整合创新的规则、技巧。问题情境是学科课程与社会生活相联系的纽带，为师生在分散的学科课堂教学与自然社会环境有效结合的过程中进行教学互动提供了平台。问题情境教学策略的使用，为学生真切感悟怎样将三维目标互动整合并达成素质以求得个性发展提供了一条通道，为师生合作创新整合建构提高搭起了桥梁。

问题情境一般有三类。一是学习、家庭、社会各种生活中的真实情境。真实的问题情境与学生生活联系紧密，真实的问题情境教学策略应用于学生在“做中学”的过程中，能够提高综合应用科学知识创造性解决问题的能力，能有效改变生活方式、提升生活质量。二是运用现代信息技术创设的虚拟环境。利用影视、摄像、媒体网络把眼前生活中不便展示的问题情境，在屏幕上形象地呈现出来，为教学服务。三是个体头脑想象中的问题情境。想象中的问题情境可以把教学问题形象化，可以把复杂问题情境形象化、条理化，可以把预期解决的问题情境虚拟化。想象问题情境是调控教与学的快捷方式。

(1)问题情境策略的特点

情感冲击力强。新奇有趣、情趣逼真的情节、故事、场景不仅能很快把学生带到具体情境中，而且能通过视觉、听觉、味觉、嗅觉、触觉的艺术整合，对人的思想、情感产生巨大的感染和冲击，使人立即将身心投入其中，与问题情境融合在一起。问题情境中的矛盾冲突、奇思妙想、问题的产生与发展，在学生的心里激起层层波浪，引起情感共鸣，促使他们用自己特有的方式进行分析思考，进行质疑、释疑，进行推理论证，进行想象联想，进行研讨辩论，进行喜怒哀乐的不同体验领悟。问题情境的创设极大调动了学生的情感注意力和情感体验力，为师生发现问题、提出问题、探究问题、解决问题打下了情感态度基础。

内部驱动力强。问题情境教学调动了学生的学习兴趣，使他们在入境入情过程中逐步发现了由简单到复杂、由低层次到高层次的许多问题。问题是点燃求知欲、创造欲的火把，问题是培育新思想、新方法、新知识的种子，问题是走向卓越、走向成功的开始。努力解决遇到的问题成为推动学生独立思考、积极研讨的内部需求，正是这种内部需求使学生自身产生了强烈的内部驱动力。这种内驱力是影响学生自主合作探究效果的至关重要因素。问题情境教学策略的关注点不仅仅在于能够解决多少实际问题,重要的是激发和培养学生自身产生持续不断的内驱力。内驱力真正调动起来了,问题的解决就会近在咫尺。

合作互动力强。问题情境教学策略的实施,是师生针对情境中发现的问题,通过研讨、争辩、交流,找到解决问题的最佳方案、最佳程序,因此,在多元互动中,每个学生都可以形成并拥有一种强大的合作互动力。合作互动力是终身学习的必备能力,是全面发展、创新发展的重要能力。

整合建构力强。问题情境是将自然环境、社会环境在生活中的相关现象和存在问题、学科中的相关知识与能力提炼整合到一起而创设的。学生在与教师、同学进行多元互动寻求解决问题的过程中,常常根据自身的需求和自身的某种智能优势在不同起点上进行不同层次、不同角度的同化互动和顺化互动,然后建构起自己与众不同的新的智能结构模块,并尽可能地在合作互动与反思体验中进一步使自己新的智能结构优化。最后,将整合构建的新智能结构模块有序地输入脑库"存货架"上予以储存。在这一过程中,每个学生的个性整合建构能力都得到了比较充分的训练和培养。

(2)问题情境策略需注意的问题

一是要处理好学生个性需求与问题情境的关系。教师在教学中创设或选择什么样的问题情境,要充分考虑学生个性发展的需求。学生的兴趣、爱好、愿望是教师选择或创设问题情境的重要依据之一,也是学生能否积极参与问题情境并在问题情境中取得理想效果的重要条件。面对较高年级的学生,则尽可能让学生自己选择或创设问题情境。

二是要处理好环境的优化需求与问题情境的关系。环境的优化需求包括生活需求,自然、社会发展的需求,衣食住行等生活自理需求。人际交往、沟通,人与人之间的相互尊重、理解与帮助,社会公德与责任意识,是社会发展的需求。熟悉生存与发展的自然环境,热爱自然,懂得人与自然之间的关系,具有保护和改善生态环境的意识、知识与能力,是自然环境发展的需求。

三是要处理好问题情境与课标、教材的关系。有的问题情境是根据学科课标要求和学科教材内容,以及学生个性需求、当地环境需求选择或创设的;有的问题情境是根据综合实践活动课程的内容要求,以及学生个性需求、当地环境需求选择或创设的。也就是说,有的问题情境简单一些,有的问题情境复杂一些。但是,不论问题情境简单或复杂,都要注意体现课标与教材的基本要求。由于学生年龄段不同、学科课程特点不同、综合活动要求不同,教师在指导学生选择或创设问题情境时,要注意情境所产生的问题的层次梯度。在同一个问题情境中,教师要根据学生的差异指导学生选择适合自己的问题,要鼓励学生互助合作,发现或选择情境中富有挑战性的问题去探究,甚至要尽可能地与学生一起去研讨解决一些有较大难度的问题。

问题情境策略要分类把握，从实际效果出发。问题情境可分为三类，即真实的问题情境、虚拟化的问题情境、个人想象的问题情境。主题性综合实践活动、学科课程和综合课程中的综合性活动，都属于真实的问题情境，其时空可大可小，其内容问题可多可少。

4.3 信息运用策略

在信息社会，每一个人都生活在信息的海洋中，每时每刻都面临着如何运用信息的问题。信息素质是中小学生重要的基本素质之一，学会收集与处理信息是每个学生终身学习的技能之一。信息运用策略的目的，就是教学生掌握收集与选择信息、加工处理信息、检索提取信息的基本规则与方法。

(1)搜集信息的策略

掌握搜集信息的基本程序。按照范围大小的线索，一般可以把收集、选择信息的基本程序确定为：及时分类收选—按需定向收选—比较分析收选。及时分类收选，要坚持随时随地随手及时收集信息，及时将信息分类。至于分成哪些类别，个人可根据自己的职业、兴趣和学习研究需求划分。按需定向收选，则是根据自己学习、研究的目标需要，根据自己个性发展的需求，在较长的时间段里，按照需求确定的方向收集、选择信息，这样便将范围限定在某个方向领域，内容比较集中，有利于重点研究和专题突破。比较分析收选的重点是收集、选择的信息是否符合锁定目标的要求，是否有收选价值,哪一条信息对锁定目标在哪个方面哪个角度更有价值,以及有多少或多大价值。

收集、选择信息的基本技术方法有标记法、笔记法、卡片法、搜寻法、剪贴法、库存法。

(2)处理信息的策略

处理信息策略的教学要求是掌握处理信息的规则及基本程序,灵活选择、掌握与程序相适应的技术方法。

(3)信息处理的基本程序

信息的思维加工—信息的有序编码—信息的结构储存。信息的思维加工是对占有信息进行深入研究、全面理解和整体把握的思维加工。信息的思维加工不同于解决问题,信息思维加工的程序也不同于解决问题的若干步骤。一般来说,其程序为:探究信息的来源及背景—信息的质性、价值分析—信息的应用场研究—对信息把握的反思体验。信息的有序编码是为了更有效地驾驭各类信息,通常是按时间顺序、空间顺序和逻辑顺序三条线索来进行。究竟采用哪条线索顺序对信息进行有序编码,应该根据信息应用场的个性特点和学生的兴趣愿望来确定。为了使信息输入脑库达到长久记忆、稳定储存的目的,需要把编码信息以结构体的形态放到脑库的"存货架"上,以备迅速提取使用。我们通常采用信息包、信息链和信息网的结构形式进行记忆储存。

(4)信息处理的技术方法

主要指掌握思维方法和培养思维品质两个方面。一般的思维方法主要有下定义、判断、对比、分析与综合、概括与具体化、归纳与演绎等。创新的思维方法主要有假想思维、转换思维、类比思维、组合思维、求异思维、逆向思维等。信息思维加工的技术不仅表现为善于用多种思维方法思考问题,而且特别讲究信息思维能力品质的培养。在信息编码加工程序中,其技术方法主要是掌握编码的线索和常用方法。在信息结构储存程序中,其技术方法主要是掌握多种信息结构记忆储存的方法和要求。

4.4 合作探究策略

合作探究的教学策略,是为了追求共同的教学目标而谋求高效合作、共生共创、协调发展的交往互动策略。合作探究教学策略的教学目标主要是培养学生团结协作、交往共事的能力,培养学生合作探究、资源共享、分享吸纳的能力。

(1)合作探究策略的基本特点

合作探究是新课程倡导的教学方式和学习方式之一。合作探究的教学策略有三个基本特点。

以项目探究为线索,以小组活动为基本形式。以项目探究为线索,指合作探究活动都是紧紧围绕一个问题、一项任务、一个课题、一个内容展开,这是从合作探究内容上讲的。以小组活动为基本活动形式,是说若干小组共同承担一个项目或几个人结合成小组合作探究,这是从探究主体活动角度讲的。

以个动与谐动的转换统率合作探究的多元互动。在合作探究过程中，每个人、每个小组在落实自己或小组承担的任务时，可能要与教科书、多种信息资料、教师、问题情境及参与的不同群体进行多角度、多内容、多方位的多元互动。在这个多元互动合作探究过程中，始终有一个主旋律，那就是，个动与小组和谐互动不断交替发生、个体与谐动不断转换进行，个人与小组不断共同提高、共同发展。个动与谐动不断转换统率着合作探究的多元互动教学过程。在一个项目的小组合作探究中，针对发现问题、提出问题、探究问题、解决问题、体验问题等程序，个动、组动为人际谐动、组际谐动奠定了基础，人际谐动、组际谐动提升了个动、组动的水平。

注重开放的探究过程，强调个性探究的体验建构。合作探究是开放的教学过程，所涉及的内容不仅仅是教科书静态的结论性知识，还有师生学习、生活、社会多方面动态的经历与体验；所涉及的范围不仅有课堂、校园，还有家庭、社会等，甚至涵盖古今中外。在这个开放的合作探究教学过程中，教师的情境创造、情感激发、思路启发、价值引导，无疑是十分重要的，绝对不能因为强调学生合作探究中的积极性、主动性、独立性，减弱甚至忽视教师的作用(虽然学生与学生之间的相互启发、诱导、补充和完善，学生与其他社会成员之间的协作、探究、矫正与调控，学生自身的探究、发现、体验与领悟等是合作探究活动的主体)。合作探究强调通过群策群力，通过资源共享，使学生学会主动体验建构。

(2)合作探究的基本程序与方法

合作探究的基本程序:民主选题—合作探究—交流共享—分享吸纳。

民主选题,即探究什么课题或问题,应该由小组参与者民主讨论决定,教师给予指导。选题就是定向,一般越是由学生自己选定的课题或主题,探究方向就越明确,就越符合学生的实际,就越能调动学生的积极性、主动性。

合作探究,即可将小组化整为零,分工合作,有的查阅资料,有的分头实地考察;或者将课题分成几个小问题分别由几个小组去完成。如果在课堂教学中探讨某个问题,小组内每个人都可从不同角度去思考、去研读、去论证,或者这两个人从这个侧面研究,那两个人从那个角度分析,然后再组合在一起进行综合研究。合作探究需要分工协作,需要齐心合力,需要主动融合,需要目标一致。合作探究要防止有的研有的干、有的看有的转的现象,组长或探究活动的主持人要在教师的指导下,明确分工,责任到人,要鼓励具有差异的学生为合作探究贡献自己的力量。

交流共享,即将分头分组研究、调查的做法、观点或问题拿到小组或全班进行汇报交流。每个人、每个组探究的成果都反映各自不同的立场、思路和见解,都融合了许多信息资料,都是宝贵的课程资源。

分享吸纳的实质就是学习。听老师讲是学习,看书是学习,实践应用是学习,合作探究、资源共享也是必不可少的学习。在合作探究时,展示出自己的信息是让大家品评、帮助自己,让大家验证自己;认真倾听、仔细琢磨、对比研究,把组内或组际合作探究的有价值的观点、经验、做法吸纳内化,与自己的探究融通组合,这是踩着众人的肩膀向上飞,是一种体现时代特点的学习。

4.5 把手整合策略

把手整合策略,就是抓住相关事物的连接点或事物发展的线索整体推进、全面发展的策略。把手,比喻事物的连接点或发展线索,也可以叫主要矛盾。如果门上没有把手或抓不住把手,就很难开门入室。只有抓住了把手,才可以牵一发而动全身,才可以获取最佳效益。学习把手整合策略的目的是,培养教师和学生对课程诸要素的整体驾驭能力,培养师生的分析与综合能力、整合与建构能力,用综合性思维促进学生全面发展、提升学生的个性发展水平。

(1)把手整合策略的特点

把手整合策略的主要特点是,整合把手的贯穿性强;从整体着眼,从线索入手;同点整合,一举多得。

整合把手的贯穿性强是指作为把手,一定要能起到牵一发而动全身的作用。把手即线索,能够把相关要素用一根线串联起来。抓住了把手,才能一以贯通,全局皆活;抓住了把手,才能以纲代目,纲举目张。

从整体着眼,就是从整体构成要素的内在关联及共同特性去看问题,去分析人和事物,做到整体把握。从线索入手,就是从整体事物的内在关联中去寻找线索，并抓住线索进行整体突破。这是一个由整体到线索，再由线索到整体的思维过程与行为过程。

同点就是指一个整体或一个系统中相关要素的交叉点、连接点、渗透点、对称点、整合点。抓住相同点进行整合，可收到一举多得之功效。首先，同点整合必然在同点上下功夫，这有利于最大限度地优化同点、强化同点，无形中加大了同点的支撑与统率力度，在同点上形成了独特的优势。其次，有利于锻炼人的求同思维、整体思维，培养学生的提炼概括能力和整体驾驭能力，促进学生在综合中创新。此外，还可以帮助人们在动态发展中，处理好人与自然、人与社会、人与自我的关系，积极改善人的生存状态，提升人的生活和生命质量。

(2)实行把手整合策略的程序

寻找把手—整合设计—实施反馈—反思体验—整合建构。

4.6 赏识激励策略

赏识激励策略，是以挖掘、激发、调控学生内驱力为主旨，使具有差异的学生都能在愉悦的学习状态中茁壮成长的教学策略。它的主要特点是以心灵沟通激活内心需求，用内部正因素战胜负因素以挖掘个性潜能，体现了教育者对被教育者关系的理性处理，体现了对两种对立要素的艺术处理。教育者，即教师和家长，在与学生或孩子进行心灵沟通的过程中，理解他们的所作所为、所感所想，捕捉、分析、把握他们的内心需求，激发、挖掘、调动他们的内心需求，是赏识激励教学策略的本质特征。以心灵沟通激活内心需求，是教育者与被教育者的理性对话和情感互动。每一个学生身上都有优点与缺点，都会表现出积极与消极因素，都可能激发对与错、正与负两种对立要素，同时反映到每一个学生、每一个人身上，这是客观存在的规律。

赏识激励策略，就是要求教师或家长善于挖掘、调动学生或孩子身上的积极因素，善于利用其自身的积极因素去克服自身的消极因素，利用自信和内在驱动力去进行自我发现，利用兴趣和内在驱动力去激活潜能，利用内在需求对自身某些不定向不规则的因素进行调节。学生只有充分运用内部的正面因素，以内在驱动力去战胜自身的负面因素，才能开发自身的潜能，才能调动自身的情感，才能通过努力获得成功。

实行赏识激励策略的基本程序：感受学生，把握需求—赏识激励，开发内力—提供机会，发展内力。

感受学生，把握需求是教育者应用赏识激励策略的前提。感受学生就应该了解学生、熟知学生。对于学生在做什么、想什么，学生希望做什么、爱好干什么，不同学生有什么不同的内在需求，教师应该做到心中有数、胸中有谱。感受学生就应该换位思考，不要站在成人的角度，而是站在学生的角度去思考问题。

赏识激励要做好两个方面的工作：一方面要努力找出学生可赏识、可激励之处，用多种方式进行赏识激励；另一方面要对学生的缺点与错误尽可能给予谅解与宽容。

5.分析和讨论

课题组在调研的基础上，总结出农村小学难以培养学生科学素养的原因。

(1)教材结构比较隐蔽，科学教师难以把握。教师在备课时没有留意教材的结构，钻研教材只停留在以往自然或常识教学时一个个活动踏踏实实地教，不知道教材的结构即内在的联系对培养学生科学素养所起的巨大作用。《一杯水的观察》是小学三年级上册《科学》“水”单元的第一课时，教材由三部分内容组成，第一部分是预测面对一杯很熟悉的水，我们能观察到什么；第二部分是用感官观察杯中的水；第三部分是用比较的方法观察杯中的水。学生观察的结果是不一样的，一次比一次发现得多。本课时的意图是使学生体会到人体的感官在认识事物方面的重要性，体会到用比较的方法认识事物比只用感官发现得多。有的教师引导学生只经历了用感官观察杯中的水和用比较的方法观察杯中的水两个探究活动，没有引导学生预测面对一杯很熟悉的水，我们能观察到什么，没有比较，只强调了解有关水的知识。有的教师引导学生经历了三个活动，但没有让学生及时记录各个活动的发现情况，到最后让学生通过回忆能预测观察到什么，用感官观察到什么，用比较的方法观察到什么，但回忆出的观察结果越来越少,与我们所期望的相反。这便是没有把握好教材结构。

(2)深受多种因素干扰,科学事实难以科学。受多种因素干扰,科学教师的教学行为违背了科学要真实的基本原则。《观察同一种材料构成的物体在水中的沉浮》是小学五年级下册“沉和浮”单元的第一课时,橡皮在水中是沉的,把橡皮切成一半大小,还会沉吗?再切成四分之一、八分之一大小,还会沉吗?推测把它切得更小会怎样?学生把橡皮切成一半大小、四分之一大小、八分之一大小,观察发现都会沉。当观察把它切成更小,大约沙粒、芝麻般大小时,意见不一致,好像有的沉了,有的不沉,教师拿不定主意,就根据前面的观察,推测它切成再小也会沉,但没有向学生解释这种现象。教师的这种行为是主观、臆断的行为,违背了科学要真实的基本原则。

(3)探究表面轰轰烈烈,小组合作流于形式。现阶段,小学科学教学改革非常活跃,如情境教学、快乐教学、成功教学等新教学理念的引入,各种教学模式不断推陈出新,对提高学生学习科学的兴趣、促进学生学好科学知识起到了很好的作用。然而,在欣赏和赞誉声中,有的科学教师却忽视了科学课对学生学习习惯的培养、对学生合作能力的指导,使小组合作流于形式。例如,一位科学教师讲授《摩擦力》时,设计了一系列的教学活动,让学生自主探究摩擦力的秘密。课堂教学中的第一个活动就是创设情境游戏——夹弹子比赛。

游戏是学生喜欢的活动,激发了学生的学习积极性。在这个夹弹子的游戏中,每个学生都显得自由自在,兴趣盎然。但当教师要学生停下来的时候,学生却无法静下来,仍然玩着游戏,甚至和同学争论起来,课程无法再继续下去,教师没有办法,便站在一旁,任学生玩闹、争吵、喊叫,一节科学课就这样结束了。究其原因,是教师平时过分强调情境、快乐、成功教学,忽略了科学课教学对学生学习习惯的培养和对小组合作的指导。

小学科学课程是以探究为核心,以培养学生科学素养为宗旨的科学启蒙课程。科学活动的本质在于探究,科学教育只有引导学生通过科学探究来发展其科学素质,才能实现科学本质与教育宗旨的内在统一。因此,小学科学课程应以探究为基础,引导学生培养良好的科学习惯,从培养学生的科学习惯出发,向学生进行科学启蒙教育。从这个意义上讲,科学课中的科学习惯不仅会直接影响学生的科学探究,也会间接影响科学习惯、科学方法、科学能力、科学态度及科学精神等科学基本素养的养成。针对新课程标准提出的“科学教育要以探究为核心”的要求,我们在进行科学教育时必须运用一种全新的学习方式。21 世纪,我们需要培养创新型人才,这就要求我们必须从培养科学探究品质、科学探究思维能力和科学探究精神等基本素质开始,培养未来的发明者、科学家。为了更好地了解小学科学课,区分好自然教学与小学科学教学,笔者在此谈谈对小学科学课培养学生的科学探究能力的一点看法,以便大家日后在小学科学课的教学过程中能注意到培养科学探究能力的问题。

探究是求索知识或信息,是求真的活动,是搜寻、研究、调查、检验的活动,是提问和质疑的活动。科学探究是科学家用来研究自然界并根据研究所获事实证据作出解释的各种方式。科学探究也指学生构建知识、形成科学观念、领悟科学研究方法的各种活动。我们由此知道,学生的科学探究式学习活动在本质上与科学家的科学探究活动有很多相似之处。

探究式学习既是小学生科学学习要达到的目标,又是小学生科学学习的主要方式。小学科学探究性学习是小学科学学习的一种模式,是指在小学科学教育中,结合教材内容和学生的实际情况,来创设科学探究的情境,让学生通过发现问题、提出问题、设计方案、探究活动等过程获取知识,以培养学生的创新能力,逐步提升学生的科学素养。探究性学习就是以学生的素质为着眼点,培养学生自主学习、创新学习的学习方式。探究性学习包括探究性自学和探究性实践两大方面的内容。小学科学教育一直处于比较重要的地位,其核心目标是培养、提升学生良好的科学素养,教会学生用积极的态度理性地、实事求是地对待生活,解决实际生活中遇到的各种问题,培养学生勇于探索的科学精神。根据2017年版《义务教育小学科学课程标准》,科学课应注意保护学生的好奇心和求知欲,要让儿童了解科学探究涉及的基本过程和方法，并使他们能运用这些过程和方法探究一些力所能及的科学问题，从中体验到科学探究的乐趣和挑战性，进而热爱科学。

6. 建议

此处的建议一是针对自身研究的缺陷，提出需要改进的事项；二是根据研究结论获得的启示。

我校进行的课题研究，归根结底是以一所处于两省三县区交界处的农村小学为基础的，无论生源质量还是硬件设施，都与城市学校存在差异，因而得出的结论更具有乡土气息。无论如何，我们都走在了教研的路上，哪怕只是前行了一点点。根据我区的政策，优秀教师工作满三年可以申请进入城区工作，因此我校人员流动幅度较大，刚刚参加工作的年轻教师多，一些骨干教师在考入城区后仍不忘和学校其他老师一起继续钻研该课题，并按照预定分工积极开展工作，保障了各项研究成果的及时汇总，在此表示谢意。

研究表明，在教学过程中，教师要积极创设平等和谐的课堂氛围，从而引导学生积极开展思考与想象，跟随教师的脚步参与到学习中来；并且要借助有效的方法，营造开放自由的学习环境，从而使学生产生学习兴趣。从小学生的心理特点来看，小学生总是被自己感兴趣的事物吸引，所以引导学生产生对科学的学习兴趣尤为重要。精心设疑，促使学生动脑筋想问题；巧设障碍或矛盾，促使学生想办法解决问题；发挥现代教育技术优势，加深对所探究知识的理解；使学习目标成为学生的内在需要；提供有结构的研究材料，为学生进行探究活动创造条件；利用积极评价，形成良好的探究习惯。这些都是行之有效的教学方式。教师要想在小学科学教学中培养学生的核心素养，在教学方式上就要注重调动学生参与的积极性。教师在小学科学这门课程的教学过程中，一定要改变传统的教学方式，采用更能体现出学生主体性地位的教学方式，吸引更多的学生积极主动地参与到教师的教学过程中。学生只有参与到教师的教学过程中，才能在参与的过程中积极思考，并进一步提高分析问题、解决问题的能力。

二、主要成果

课题开展以来，课题组教师积极参与研究，认真反思总结并撰写论文，如李瑞雪老师的《基于学生核心素养培养的小学科学教学过程探究》、贺俊雷老师的《核心素养下的小学科学教学方法与策略》、王晶老师的《核心素养下的小学科学教学策略探究》、满文玉老师的《如何在小学科学课堂教学中培养学生的核心素养》，王成先老师的《基于学生核心素养培养的小学科学教学策略浅议》。

课题主持人王成先老师主张采用五种策略。一是多元互动—多元智能的个性化策略，即从多个角度采取多种形式、利用多种资源进行个性需求的多种整合互动，形成多元智能的个性化教学策略。二是信息运用—信息处理的终身化策略，教会学生收集选择信息、加工处理信息、检索提取信息的基本规则与方法。信息素质是中小学生重要的基本素质之一，收集与处理信息能力是每个学生终身学习发展的必备能力之一。三是合作探究—团队意识的深入化策略。合作探究的教学策略，是为了追求共同的教学目标而谋求高效合作、共生共创、协调发展的交往互动策略。四是赏识激励策略。赏识激励策略，是以挖掘、激发、调控学生内驱力为主旨，使具有差异的学生都能在愉悦的学习状态中茁壮成长的教学策略。它的主要特点是以心灵沟通激活内心需求，用内部正面因素战胜负面因素以挖掘、激发个性潜能，体现了教育者对被教育者关系的理性处理，体现了对两种对立要素的艺术处理。五是问题情境策略，即把若干新知识渗透到奇妙有趣的情节、场景或故事中，以解决情境中的问题为需求，激发学生在环境中发现问题、分析问题、解决问题的兴趣和自信，让学生认识到“做中学”的价值，学会整合创新知识与技能、过程与方法的规则、技巧。

李瑞雪老师认为，随着社会的发展与进步，传统的应试教育已经不能完全满足学生的发展需要，“填鸭式”教学已不奏效，这大大限制了学生的想象力和创造力。面对这种情况，可以采用四种方法策略，即创设有效情境、激发探究兴趣，巧出疑难问题、高效深入探究，讨论实验结果、辩论深化课堂，活用多种资源、锻炼科学思维，来培养学生的核心素养，提升课堂教学效率。

贺俊雷老师认为，小学科学是以小学生的生活经验发展为主线的,重视学生科学探究中的前概念化水平,引领学生认识科学、感受科学。小学科学的整套教材都是围绕小学生的实际生活展开的,小学科学课程内容丰富,涵盖面广,涉及多学科知识,上到星空,下至岩层,不仅可以让小学生掌握多方面知识,了解生活,还有利于拓宽视野。

培养学生的核心素养不仅有助于培养、提升小学生的综合能力,而且能在一定程度上提高我国小学科学课程的教学质量。在小学科学教学中培养学生的核心素养,我们可在教材内容的重组和教学设计方面下功夫,激发学生的好奇心和探究欲,在指导学生探究的过程中还要随机应变,把握每一个良机,培养学生的科学精神,鼓励他们创新,从而培养出具有探究热情且一路前行的科学人才。培养学生的科学核心素养对学生的全面发展有重要的促进作用,对提升我国综合国力和时代进步有重要的现实意义。

小学生科学素养的培养是一个长期的过程。对于身处教学一线的科学教师而言,培养学生科学素养的阵地就是课堂。我们要紧紧抓住课堂教学这个主渠道,通过精心创设教学情境,激发学生的学习兴趣,通过改变教学模式,让学生的学习热情和创造能力得到最大限度的发挥,通过立足本地实际,开发能够让学生在学习过程中使用的教学资源,通过强化学习、努力提升自身的专业素养等营造浓厚的探究氛围,逐步提升学生敢于质疑、主动探究、勇于创造的科学素养。

经过反复讨论、实践,课题组参研教师最终逐渐统一思想。我们认为，基于学生核心素养的小学科学教学策略主要有多元互动—多元智能的个性化策略、信息运用—信息处理的终身化策略、合作探究—团队意识的深入化策略、赏识激励—学生内驱力的提升化策略、问题情境—课程与生活的互联化策略。

基于学生发展核心素养的科学教学，重点培养学生的科学精神、学习能力、实践创新三项素质，这就需要设计者精心设计科学探究活动，巧妙利用各种教学策略，开展丰富多彩的课内外科技拓展活动。当然，有助于学生发展核心素养的其他教学策略也应该在科学教学中灵活运用。

以读润德，全民阅读

一、诵吟启智：典籍里的声音很动听

乡村亲子吟诵的主旨是以学校为平台，引导乡村的家长和孩子们掌握吟诵这一中华传统的读书法。这相当于让乡村的家长们掌握一门技能，以便在孩子们的学习和生活中做到长久有效的陪伴成长。通过亲子共学，乡村的孩子们能够感受到来自父母和老师的关爱，同时家长们认真学习会给自己的孩子树立榜样，从而鼓励孩子们不断从各个方面严格要求和提升自己。

自 2018 年开始，由翟佳诺老师领衔，以《母语如歌》普通话吟诵校本教材为课程框架，对乡村亲子吟诵课程体系进行探索，找到了一条高效且可复制推广的吟诵传播路线。以《抚琴吟啸且徐行》吉他吟唱校本教材为课程框架开展课程，每周一次，教学生用吉他吟唱各种古代文学作品，为自己的吟唱进行伴奏。以《童谣读诵与创作》和《儿歌度曲与创作》吟诵校本教材为课程框架在全校范围内开展课程，教学生创作押韵的童谣和儿歌，并且自己谱曲，唱自己的歌。学校成立恒德吟诵团，将《静闻经心》中的内容编配成雅乐舞蹈，让学生边吟诵边舞蹈，在这个过程中充分地放松自己，享受中国文字的韵律美。

根据《黄帝内经》“静则神藏，躁则消亡”“心者，君主之官也，神明出焉”“故主明则下安”“主不明，则十二官危”等理论，结合当前对经典诵读与脑波变化的研究，以古代典籍为基础，翟佳诺老师与贾云飞老师合作，以一箫一吉他，创作了缓解心理压力的经典吟诵音乐，目的是用吟诵音乐的形式，让学生充分放松自己，缓解学生的心理压力。

【典型案例】吟诵经典，唤醒孤独的“心”

2021 年 9 月，赵宅中心小学一年级接收了一名新学生，他的名字叫小凡（化名）。小凡此前一直在孤独症康复学校进行康复治疗。校委会经商讨，同意他进入一年级随班就读。因为小凡的注意力、语言能力及沟通能力均较差，在课堂学习中和课下都不能正常自理，班主任及任课教师都对其倾注了大量精力，但效果甚微。

秉承初心，学校千方百计地寻找解决问题的办法。众所周知，普通中小学并不具备培养这些特殊孩子的师资和硬件条件，但是每一个孩子都有受教育权，家长把孩子送到学校，不管孩子怎样，学校都有责任和义务把孩子培养好，这是所有教育工作者的初心。但是如何培养这些特殊孩子又的确是个难题，目前相关的案例和经验也是少之又少。为此，学校组织所有任课教师进行专题学习讨论，通过查阅资料和学习，得到以下知识：

1. 概念认知。孤独症（又称“自闭症”）是一种广泛性发育障碍性疾病。患有孤独症的孩子像天上的星星一样孤独地闪着微弱的光芒，因此被称作“星星的孩子”。孤独症往往在3岁以前起病，主要表现为在语言、社会互动、沟通交流及兴趣行为等方面存在缺陷或障碍。当前对于孤独症无特效药物，只能通过专业的康复机构和学校进行康复治疗，年龄越小，康复和改善的概率越大。如果不进行康复治疗，随着年龄的增长，症状会越来越严重。

2. 一丝希望。患有孤独症的孩子经常在某一方面有非常过人的天赋，如音乐、绘画、雕刻等。孩子到了入学的年龄，家长们一般会有两种选择：症状较重，家长多会送孩子去专门的特殊教育学校学习；症状较轻，家长多会选择到普通中小学进行学习。针对小凡同学的情况，我们决定，即使有1%的希望，我们也要付出100%的努力，去探寻，去尝试。我们的努力主要包括以下几个方面。

一是倾注爱心，齐心协力开展救治矫正的探索。一到十二岁是孤独症改善的最佳时间，小凡同学今年十岁了，所以时间紧迫，我们先对小凡的生活习惯进行改变：要求他不看手机、不看电视、早睡早起、懂礼貌守规矩，学习入校流程、课堂学习流程、课下活动流程。

以校长为首的校委会格外重视小凡的成长情况，安排班主任老师从不同角度对其进行观察和测试，力图发现他的兴趣点。一个偶然的机会，班主任老师发现小凡有很强的节奏感，立即将这一发现报告给校长。校长第一时间安排音乐教师与小凡进行沟通，确实如此。音乐老师又试着将自己录制的吟诵音频给小凡听，结果出人意料，小凡几乎是一听就会，我们终于看见了希望的曙光！学校立即做出安排，由音乐老师专职对其进行吟诵教学，帮助他逐步迈上正确的轨道。

二是吟诵经典，古今对话，唤醒孤独封闭的内心。我校是山东省首批中华经典诵吟特色学校，在中华经典诵吟和中华经典诵吟音乐伴奏方面有着丰富的实践经验。得到校领导的支持后，音乐老师就用祖先留下来的文字，把它们谱成音乐，帮助小凡进行语言训练。音乐老师带领小凡进行晨唱，晨唱的内容为我校自编的中华经典诵吟教材《静闻经心》。每日晨唱的方法如下：

1. 重复地听和学唱

小凡只会重复地说话，没有什么自主语言，我们就利用他的这一特点，对晨唱环节进行设计，开始只是从《静闻经心》中选择专门的几章内容让他看着书重复地听，目的是使其对音乐有一些感觉，能初步认一些字。

一段时间后，由老师带着小凡，老师唱一句，小凡用手指字学一句，这样一字一句地从最基本最简单的文字开始学。

2. 伴奏和读唱

经过一段时间的不断重复练习，小凡开始对一些旋律和字熟悉起来，接下来，老师利用乐器，给小凡伴奏，让小凡尝试自己读唱，不断对他进行训练。

3. 伴奏和背唱

经过此前的反复训练，我们尝试让小凡进行背唱，这时我们发现小凡有很强的记忆能力和音乐天赋，能背唱《静闻经心》中两千多字的内容，而且经过一段时间的晨唱学习，他的睡眠、语言情况比之前都有所改善。

学校举办活动时，我们都让小凡参加，让他展示自己的吟唱，鼓励他不断学习，也鼓励同学们向他学习。

2021 年 11 月，我校举行了“典籍里的声音”吟诵展示会，小凡献唱四首，其中有一首《诗经・小雅・采薇》两百余字，他能完整地唱完，令大家大为惊叹。

中华经典诵吟和音乐也许是解决儿童孤独症的一个新方向。面对中国孩子的问题，我们还是要在我们祖先留下的智慧中寻求答案。

备注：经过一年的学习，小凡已经可以和人进行简单正常的沟通交流，原本在学校陪读的奶奶悄悄不见了踪影。直到有一天，我在值班的时候碰到小凡奶奶，满脸洋溢着笑容的老人家不住地向我道谢，我也高兴地回应她：解放喽！

2022 年，由济南市特殊教育学校的专家组成的验收团一行六人来我校进行验收，在得知这一案例后也纷纷表现出极大的兴趣，最终一致认定通过，我校成功获评为山东省第二批随班就读示范校。

二、诵读提志：中华经典诵读结硕果

为了将经典诵读做得更好，学校开设了朗诵社团课程，成立了少年朗诵团队。毕业于播音主持专业的李楠老师以《小百灵学朗诵》校本教材为课程框架开展课程，培养学生并组建“今天我主持”少儿播音主持团队、“红领巾”广播站、“红音嘹亮”红色经典宣讲小队。

三个团队皆由朗诵社团结业学生组成，“今天我主持”少儿播音主持团队承担学校各项活动的解说、主持任务，“红领巾”广播站每天中午面向全校朗读经典散文、诗歌等，“红音嘹亮”红色经典宣讲小队以《红音嘹亮》红色经典诵读本为基础，向各班宣讲红色故事。

（一）注重过程管理，使传统文化课程常态化

1. 每周一、三、五上午 7:45—8:15 为全校经典诵读时间，各班按照赵宅中心小学诵读规范进行诵读。

2. 每两周对全校教师进行一次吟诵、朗诵培训。

3. 召开家长会，向家长讲解中华经典诵读的重要性，并传授相应的方法，充分发挥家长的监督作用，督促学生节假日期间在家每天早上诵读 20 分钟，并倡导孩子与家长一同诵读，积极营造浓厚的家庭诵读氛围。

4. 每到重要节气，带领学生去实践基地进行体验，进一步加强小学生的劳动技能教育，同时通过种植蔬菜瓜果等，绿化和美化校园，发挥环境育人的作用。

(二)多元化评价体系

1.每周评价。建立每周经典诵读卡，对本周诵读过的内容和掌握情况进行记录。教师可对学生的诵读内容进行抽测。

2.学期评价。教师期末对本班级学生每周诵读过的内容进行抽测，以了解学生对经典诗文的诵读情况，设置分值为10分，根据分值给予一定的奖惩。

3.弹性评价。根据学生需要，结合学校活动开展适时适度的评价。

4.实践评价。考查学生对二十四节气的学习掌握情况，对植物生长及管理知识的掌握情况，对翻地、播种、除草、施肥、覆膜等技能的掌握情况，注重提高学生的农业技能，让学生享受收获的乐趣。

孩子们在专业社团中学习训练，再加上高水平授课教师的精心指导，迅速成长进步。学校涌现出一批又一批优秀小主持人，其中唐梦琪同学更是获得了山东省小主持人金话筒电视大赛金奖，为学校赢得了荣誉。

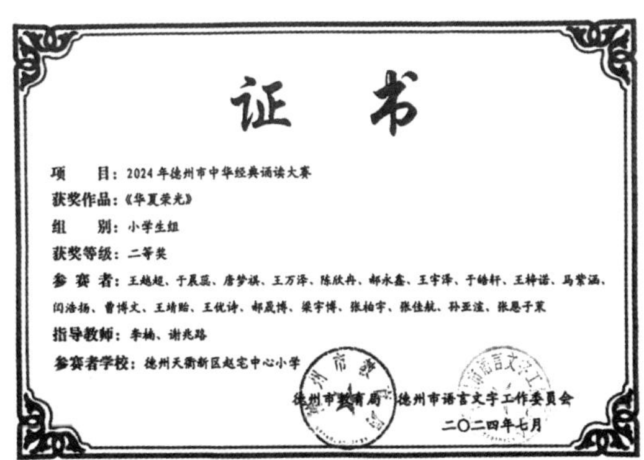

证 书

项　　目：2024年德州市中华经典诵读大赛
获奖作品：《华夏荣光》
组　　别：小学生组
获奖等级：二等奖
参 赛 者：王越超、于晨蕊、唐梦祺、王万泽、陈欣冉、郝永鑫、王宇泽、于皓轩、王梓诺、马紫涵、闫浩扬、曹博文、王靖晗、王优诗、郝晟博、梁宇博、张柏宇、张佳航、孙亚滢、张恩子萊
指导教师：李楠、谢兆路
参赛者学校：德州天衢新区赵宅中心小学

德州市教育局　德州市语言文字工作委员会
二〇二四年七月

图3.1　2024年德州市中华经典诵读大赛二等奖证书

三、融合阅读：全国首创阅读模式的项目学校

2014 年以来，全民阅读连续多次被写入《政府工作报告》。2016 年，《全民阅读“十三五”时期发展规划》印发，明确提出要加强对少儿阅读规律的研究和运用，科学研究不同年龄、不同群体、不同性别少年儿童的智力、心理、认知能力和特点。2022 年 4 月 23 日，首届全民阅读大会在北京召开，习近平总书记在贺信中提出了“爱读书、读好书、善读书”的倡议。党的二十大报告再次明确提出要“深化全民阅读活动”。2023 年全国教育工作会议上，教育部部长怀进鹏提出，要把开展读书活动作为一件大事来抓……

2021 年，山东省督学刘民生同志联系我校，推广融合分级阅读项目。“融合分级阅读”是以国家分级阅读书目为源头，以心智成长规律为根本遵循，以融合体的爱心、情怀、责任、智慧、志向为动力，以融合体职责任务数字化、体系系统化、目标化开展的精准高效阅读，是国内原创阅读模式。我校因在经典诵吟方面取得了可喜的成绩，被确立为融合分级阅读项目核心校。此后，我校借助团队力量和平台优势，承办市级乡村吟诵论坛、融合分级阅读项目启动仪式活动。相关新闻在山东卫视闪电新闻栏目一经播出，便引起了社会各界的极大关注。淄博、临邑、陵城、夏津、天津等地兄弟学校纷纷前来参观交流。

融合分级阅读项目主要分为三个阶段：

第一阶段：全校师生形成良好的阅读氛围，同时激发每个家庭的阅读动机。

第二阶段：通过活动引领，使师生获得最大的阅读成就感和喜悦感，激发学生的阅读兴趣，使其养成良好的阅读习惯，提高阅读能力。

第三阶段：通过系统的阅读活动，引导每位师生及家长形成并坚持正确的世界观、人生观和价值观，为融合分级阅读、全民阅读贡献自己的力量。

工作重点是以班级为最小单位实施分级阅读，通过这种活动方式逐步推进家校阅读、师生阅读，进而实现全环境阅读。

学校将创建书香校园列入学校文化建设的重要内容，努力营造书香班级、书香校园文化氛围，力求通过系列努力将学校建成一所文化氛围浓厚、师生充满活力、学生全面发展的书香学校。为此，学校开展了如下工作，并取得了良好的成果。

第一，在组织保障方面，学校成立了以校长为组长的书香校园创建工作领导小组，把书香校园创建工作列入学校工作日程，分工明确，责任到人。

第二，在环境建设方面，学校投入专项资金整改图书室、师生阅览室、教室，购置了符合中小学生特点的借阅台、报刊架等，实行开放式阅读。其中师生阅览室约 50 平方米，有 48 个座位。与此同时，学校还对所有可以利用的地方进行改造，打造了图书角，作为学校图书室的分支。图书角主要是以学生的藏书为主，以学校添补为辅，提倡学生把自己的经典图书拿出来与同学们共享。这些阅读场所是学校图书室很好的延伸和补充,可以让学生在校园内随时随地享受到读书的乐趣。这样做还有利于实现图书在同学之间、班级之间的漂流,让每一本好书发挥更大的效用。学校书香气氛浓厚,利用走廊、教室等空间,张贴悬挂名人名言及鼓励阅读的诗词佳句,创建良好的阅读环境。

第三,学校图书室藏书丰富并能有效辅助教学。图书室全天对师生开放,随时借阅,开放管理。学校利用多种渠道提高图书利用率,开展系列活动,吸引广大师生积极参与,努力管好、用好图书室,让图书室积极发挥作用,为全校师生服务。

第四,学校开展系列读书活动。为让学生形成"好读书、读好书、读书好"的阅读理念,学校利用多种形式宣传、推荐优秀读物,在全校师生大会上举行创建书香校园活动的启动仪式;学校广播站定期介绍经典书目,开展系列好书推荐活动,让学生将自己的好书介绍给大家;学校多渠道、深层次宣传推荐优秀读物,使学生知道什么是好书,并学会怎样有选择地去读书,激发学生的读书兴趣。学校设置阅读课,由语文教师有计划、有目的地进行课外阅读指导,带领学生潜心阅读经典美文,欣赏中外名著,吟咏古今诗文等,以通过大量的阅读实践培养学生良好的阅读习惯和兴趣;同时要求教师不断探索课外阅读指导的有效路径,逐步形成课外阅读的基本课型。学校还组建了朗诵、吟诵、读书社团,以弘扬中华优秀传统文化为主线,打造三位一体长效阅读机制。另外,学校坚持每天早上利用"红领巾"广播站播报经典、中午吟诵经典的行为,每学期评选"书香少年”“书香班级”“书香家庭”;通过演讲、征文、朗诵、课本剧、读书心得、手抄报等形式展示读书成果。学校还将阅读和实践进行了科学有效的融合,积极组织学生参加“学习新思想,做好接班人”主题教育活动、“奋进新征程,喜迎二十大”主题演讲活动、“童心永向党 ”朗诵比赛活动、“寻访红色足迹”等实践活动。

第五,自开展创建书香校园活动以来,学校取得了丰硕的成果。2019 年,学校开发了诵读特色课程,形成了“母语如歌”普通话朗诵和吟诵体系。2021 年,学校将经典吟诵课程纳入校本课程并成功举办了“典籍里的声音”吟诵展示会;同年,学校获评为“山东省首批吟诵特色学校”;学校先后有 30 多名学生在省市级各类阅读、书写、征文等比赛中获奖。2022 年,学校启动“融合分级阅读”项目,并参与了“我为书香德州代言”活动,学校报送的《帛书版〈道德经〉第七十二章 恒德》在山东省中华经典诵读大赛中取得了第一名的好成绩。2023 年 11 月,学校获评为德州市书香校园。2024 年 1 月,学校获评为山东省书香校园。

图 3.2 市级书香校园荣誉匾

图 3.3 山东省中小学书香校园荣誉匾

2024 年 3 月,李丽丽乡村家庭阅读工作室正式挂牌,使阅读的参与者从教师、学生拓展到家长,使阅读的环境从学校、教室延伸到家庭、乡村,首批 12 名参与者犹如燎原的火种,照亮了乡村全民阅读的广袤大地。点燃阅读微光,汇聚星火力量,终成燎原之势。我和团队的老师们都希望通过我们的绵薄之力,为全民阅读推广普及贡献我们的力量。

图 3.4 融合分级阅读研究中心阅读工作室授牌仪式

四、多措并举:点燃阅读微光,助推全民阅读

在党的十九大报告中,习近平总书记提出要“建设学习型

社会”的任务。2019年8月21日，习近平总书记在考察读者出版集团时强调，要提倡多读书，建设书香社会。2022年，推动全民阅读第九次被写进《政府工作报告》。2022年4月23日，首届全民阅读大会在北京召开，习近平总书记在致首届全民阅读大会的贺信中指出：“阅读是人类获取知识、启智增慧、培养道德的重要途径，可以让人得到思想启发，树立崇高理想，涵养浩然之气。”在贺信中，习近平总书记“希望孩子们养成阅读习惯，快乐阅读，健康成长；希望全社会都参与到阅读中来，形成爱读书、读好书、善读书的浓厚氛围”。打造书香校园，发展阅读育人特色项目，是向全民阅读迈出的一大步。

近年来，德州市以构建“15分钟阅读文化圈”为目标，着眼于书香德州建设，开展全方位、多层次的全民阅读活动，打造了一批有影响、受欢迎的全民阅读品牌。目前全民阅读已成为城市名片和文化品牌，在建设现代化强市征程中，展示出强劲的生机与活力。

赵宅中心小学在获评为山东省中小学书香校园后，积极推动全民阅读的举措主要包括以下几个方面。

一是进行亲子阅读活动。通过家长会、家访等方式向家长发出读书倡议，并提供适合各年龄段的课外书目指南，让家庭溢满书香。同时，学校鼓励家长与孩子们一起阅读，参与“亲子阅读”相关活动，共同营造和谐友爱的家庭阅读氛围。

二是建设阅读课程。学校每学期初举办“阅读大会”暨师生读书展，分享假期读书心得，展示读书笔记、小报、书签等，促进读书活动的开展。同时，学校还采用“大讲坛＋读书会”的形式提升阅读质量，包括每月一期的“爱阅读”讲坛和班级读书会，推进主题阅读。

三是创新阅读模式。学校推广三类读书模式，包括师生全年 12 本读书计划、每周三“阅读课＋延时阅读＋亲子共读”，促进阅读落地生根。此外，学校还通过“诵读写”活动推进书香校园建设工作，包括早诵午读晚写作的常态化和一体化。

四是建设书香社区。学校将阅读理念向社区推广，与社区合作共享资源，提供阅读资源和文化服务，提升社区人文素养。学校图书室也向社区开放，利用周末开展亲子阅读读书会、阅读讲座、读书沙龙等活动。

五是推广数字化阅读。学校采用互联网时代的新阅读模式，线上线下同步开展，利用数字图书馆、电子书、有声书等辅助推动学生阅读。学校在喜马拉雅 APP 中有专属阅读分享板块，点击量超过十万，基本上每位教师和学生都在喜马拉雅 FM 上朗读或开播，分享自己喜欢的图书。

六是家校合作共促阅读。学校通过家委会、家长群、家长会等加强与学生家长的沟通和合作，定期向家长发送课外读物推荐信息，指导家长为孩子选择合适的课外读物，并邀请家长参与学校的读书活动。学校每学期评选“书香少年”“书香家庭”“书香社区”，并颁发证书。

点燃阅读微光，形成全民阅读燎原之势。阅读之路贵在坚持，勇在创新，我们将以创建书香校园为契机，继续探索，为乡村教育振兴和推动全民阅读贡献智慧和力量。

耕读立德，实践育人

一、党建润心传承红色基因

在中华文化长河中，耕读教育始终是一颗闪亮宝石，蕴含着薪火相传的教育智慧。党的十八大以来，时代新人的培养工作受到党和国家的高度重视。2021年，中央一号文件《中共中央国务院关于全面推进乡村振兴加快农业农村现代化的意见》正式提出“开展耕读教育”的要求。2022年，中央一号文件《中共中央国务院关于做好2022年全面推进乡村振兴重点工作的意见》进一步提出“完善耕读教育体系”。中共中央办公厅、国务院办公厅颁布的《关于加快推进乡村人才振兴的意见》更是明确提出，“全面加强涉农高校耕读教育，将耕读教育相关课程作为涉农专业学生必修课”。耕读教育的内容日趋丰富，形式更为多样。

我们要用好红色资源，传承好红色基因，把红色江山世世代代传下去，确保红色江山永不变色。全国红色基因传承研究中心（红研中心）由中宣部指导、中共江西省委宣传部等七家单位共建，旨在汇聚全国高层次学术资源和研究力量，推动红色基因传承研究。该中心通过举办学术活动、发布研究课题、推出研究成果，已经成为中国共产党人精神谱系研究高地、海内外红色文化学术交流重要平台。在新时代“大思政课”建设中，红色资源被融入思政课教学，通过师资培育、教研交流、集体备课等方式，实现大中小学思政课一体化建设。推进新时代“大思政课”建设要深入推进大中小学思政课一体化建设，鼓励高校与中小学将红色资源融入思政课教学，在师资培育、教研交流、集体备课等方面开展常态化合作。我们要通过教育和实践，传承和弘扬红色基因，培养具有坚定理想信念、深厚爱国情怀、高尚道德情操的时代新人。

新时代耕读教育要着力传承弘扬并培养勤俭节约、兢兢业业的优良传统，服务奉献、敢于担当的家国情怀，道法自然、天人合一的生态观念，艰苦奋斗、不惧困难的革命精神，开拓创新、砥砺奋进的时代追求。我校以耕读教育为基础，赋予耕读文化新的内涵，以耕筑基，以读润魂，耕读立德，追求实现“双减”背景下的德育创新，为将红色基因融入思政课教学进行了卓有成效的探索。

（一）传承红色基因的重要意义与主要目标

1. 传承红色基因的重要意义

一是帮助学生确立理想信念。红色文化体现着我国革命的伟大历程，先烈们为实现民族复兴而不畏牺牲、努力奋斗的精神均为不可多得的教育资源，可以为学生提供充足的精神给养。进入新的历史发展时期，国家地区间的交流愈发频繁，多元文化思潮涌现，在一定程度上影响到学生的发展。从理论角度来看，红色文化有利于学生坚定理想信念、明确行为准则，因此乡村教师要强化关注并充分挖掘利用。

二是有利于推动校园建设。作为乡村小学管理人员，应在新时代背景下坚持正确科学的指导思想，还要结合实际，采取针对性手段，推动红色文化的有效传播与推广，构建良好的学习氛围，提高校园秩序的规范性。在校园管理过程中，学习利用红色文化中的自主创新精神等，让师生共同参与学校管理，有利于提高管理工作的实效性。与此同时，要注重将本地红色文化融入课堂，建立具有本地特色的校园文化，以为学生的成长发展保驾护航。

2.传承红色基因的主要目标

传承红色基因，守好红色江山。通过耕读加强对红色故事的宣讲和对红色资源的利用，以激励广大师生尤其是少年儿童立志投身到中国式现代化建设中去，为守好红色江山做出自己的贡献。传承红色基因，就是要将其深深镌刻在学生脑海中，使之成为稳定而持久、自觉而执着的价值认同和责任担当。

通过汲取红色基因的精神力量，筑牢团结奋斗的思想基础。新时代新征程，实现中华民族的伟大复兴，确保红色江山永不变色需要我们从红色基因中汲取精神力量。传承红色基因必须在全社会形成广泛共识，筑牢中国人民团结奋斗的思想基础，与新时代的价值理念相契合，坚持社会主义核心价值观。

厚植民族文化精神，培育时代新人。红色基因不仅带有浓烈的革命文化特质，还体现了对民族精神的传承与弘扬，是中华民族一脉相承的精神追求。红色基因是中华民族的精神纽带，也是培育堪当民族复兴大任时代新人的动力源泉。学校肩负着为党育人、为国育才的重要使命，承担着立德树人的根本任务和文化传承创新的重要职能。通过传承红色基因来增强意志、保持奋斗状态，通过学习理论知识来提升自身认识水平和思维格局，进而主动投身到社会中去，掌握将专业知识转化为创新发展的能力。

不断创新利用红色基因培育时代新人的实践路径，加强和改进思政课程，推动红色基因进课程、进教材、进头脑，利用好红色资源，通过各种途径把党史、新中国史、改革开放史、社会主义发展史等讲好讲透。

构筑红色教育阵地体系，充分发挥学校红色教育的主渠道、主阵地作用，构建红色教育共同体，充分发挥共青团、少先队的特殊作用，建好用好爱国主义教育基地、革命传统教育基地、国防教育基地等，开展红色主题研学和实践教育活动。

（二）具体探索与实践

学校一直以来高度重视党建工作，所在学校党支部被评为德州市教育系统先进基层党支部。我们成立了以党支部书记为组长，支部委员、大队辅导员和教导主任为成员的党建品牌创建活动领导小组，结合学校实际，制定了《学校党建品牌创建方案》。在进行“一校一品”党建品牌创建活动的同时，开展党建德育创新实践，确定出具有针对性、实效性、可操作的活动，探索创新思政课实践教学改革途径。经过综合分析，确立了党建德育的五大主题，即红色引领主题、金色童年主题、橙色感恩主题、绿色创新主题、蓝色成长主题。

主题确定之后，接下来便是规划党建育人的实施步骤。

第一阶段：成立机构，制定方案。成立以书记为组长，支部委员、大队辅导员和教导主任为成员的党建品牌创建活动领导小组。结合学校实际，制定出《学校党建品牌创建方案》，确定出具有针对性、实效性、可操作的活动。

第二阶段：突出主题，实施活动。组织开展“五彩党建，党旗引领青春路”等多项活动，开展党团文化、班级文化、校园文化的创建活动。按照主题活动实施的要求，积极进行督促、检查、评比，落实活动的目标、步骤和方法，落实活动的过程管理。

第三阶段：检查评比，总结表彰。对各主题活动的开展情况及效果进行总的检查和评比，对活动中表现突出的集体和个人进行表彰奖励，撰写班级、学校党建品牌创建工作总结材料。

活动开展以来，我校德育工作便一直坚持“大手拉小手，党建带队建”的指导方针，将德育工作纳入支部党建的工作范畴。“五彩党建：开辟思政课实践教学新途径”案例在2021年德州市中小学思政课改革创新优秀案例评审活动中获得小学组二等奖。2022年，“五彩党建，党旗引领青春路”党建品牌被评为德州市“一校一品”党建示范品牌。2023年，赵宅中心小学德育处被评为德州市教育系统党员先锋岗，赵宅中心小学少先队大队获集体三星章，三(2)中队(班主任付春花)获集体二星章。

荣誉证书

德州市天衢新区赵宅中心小学少先队大队：

2023年度德州市少先队“红领巾奖章”活动中获得大队组织集体三星章。特发此证，以资鼓励。

图 4.1 “大队组织集体三星章”荣誉证书

2023年，为深化党建品牌创建，积极申报省级党建示范校，我们在总结学校已有经验的基础上，提出了《关于深化提升“一校一品”党建品牌的工作方案》。全文如下：

德州天衢新区赵宅中心小学党支部现有正式党员8人，入党积极分子9人。近年来，学校一直坚持党建引领，创新开展党建品牌建设活动，“五彩党建，党旗引领青春路”的实践初见成效，于2022年9月获评为德州市“一校一品”党建示范品牌；积极探索未成年人思想道德教育工作实施途径，把“根植乡村，耕读立德”育人实践作为党建品牌载体，“根植乡村，耕读立德：十年育人探索与实践”获评2022年德州市基础教育教学成果奖一等奖。为深化提升党建品牌建设，蓄力争创省级党建示范品牌，特制定以下实施方案，报请德州天衢新区教育委员会及部领导审阅。

一、指导思想

坚持以习近平新时代中国特色社会主义思想为指导，学习和贯彻党的二十大精神，围绕立德树人根本任务，以“为党育人、为国育才”为目标，进一步增强党支部的政治功能和组织力，提高党员队伍素质，充分发挥学校党员的先锋模范作用和党支部的战斗堡垒作用，深入开展师德建设和精神文明建设，把广大教师的工作热情凝聚到学校教育改革和发展的中心工作上，努力建设一支政治坚定、与时俱进、无私奉献的党员队伍，确保学校各项工作整体有序推进。

二、具体措施

（一）加强政治理论学习，扎实打牢思想根基

1. 坚持思想建党。深入学习贯彻习近平新时代中国特色社会主义思想，严格落实政治理论学习计划，全面覆盖，结合实际，着力抓好知行合一、学以致用的优良学风，不断增强学习教育的针对性、层次性、实效性，固本培元、补钙夯基，增强“四个意识”，坚定“四个自信”，做到“两个维护”。

2. 推动党史学习教育常态化长效化。深刻领会党史的重要价值和学习党史的根本目的，学史明理，学史增信，为推动党史学习教育常态化长效化提供不竭动力。

3. 大力抓好教师党员教育。以学习党章、遵守党章、维护党章为总要求，以支部为锻炼主阵地，以“三会一课”为重要抓手，学习《中华人民共和国教师法》《中华人民共和国未成年人保护法》《关于加强和改进新时代师德师风建设的意见》《新时代中小学校教师职业行为十项准则》等文件要求以及师德师风典型警示案例，提升广大教师的职业道德修养，提高他们遵纪守法、依法施教的思想认识水平。

（二）严肃党内政治生活，强化党的组织建设

1. 建立健全党内制度。建立健全党员教育管理的长效工作机制，坚持“三会一课”制度、党内组织生活制度。自2023年9月起，实施党员年度目标管理工作，要求党员结合自己的工作实际，把制定目标与学校教育教学工作有机结合起来，促进党员目标责任制的落实。强化岗位职责，增强工

作责任感。做好民主评议党员工作,按期交纳党费,增强党员的组织观念。

2. 严格落实工作制度。履行“一岗双责”制度,树立抓业务抓党建、管人事管党员、严法纪严党纪的原则,确保党建工作正规有序高效运行。

(三)强化党员队伍建设,切实发挥示范作用

1. 抓好入党积极分子培训工作。党支部书记定期为入党积极分子上党课,重视党员的传帮带工作,变自然成长为积极培养,把思想进步、工作积极、成绩突出的一线教师吸引到党组织中来,形成强大的凝聚力。建立“把骨干发展成党员,把党员培养成骨干”的双培养机制,有效促进学校教育教学工作的进步。

2. 做好党员发展和管理工作。严格落实发展党员的程序、标准和制度,高标准做好入党积极分子的培训选拔工作,借助灯塔—党建在线平台推进党员管理信息化,保证党员发展、党员培养、党员考核、党员活动等工作顺利进行。

3. 深入开展“创先争优”活动。组织党员开展主题实践活动,围绕学校中心工作,结合教育教学实际,创新丰富活动载体,树立党员良好形象,充分发挥党员的先锋模范作用,让每位党员在师德、教育、教学等方面都成为典范,营造积极奋进、和谐向上的氛围。

(四)强化主体责任落实,从严落实正风肃纪

1. 强化示范带动效应。严格落实民主集中制,进一步完

善校党支部“三重一大”议事规则和决策程序，坚持按原则办事、按规矩办事、按集体意志办事，坚持科学决策、民主决策、依法决策，防止和克服“家长制”“一言堂”，以从严从实的要求开好民主生活会、组织生活会，对有问题苗头的党员和教师及时提醒批评。

2.强化党建责任落实。把抓党建作为支部工程，结合年度工作任务筹划部署，总体设计安排全年党建工作目标规划，建立定期分析党建形势、检查党建成效、解决党建问题工作机制，确保党建工作高标准高质量落实。

3.加强党内作风建设。自觉加强党的作风建设，在服务发展、服务大局、服务师生、服务群众中履行好职责，时时处处维护党的形象，时时处处维护师生利益，把学校党建工作有机融入学校中心工作中，努力提高服务发展的水平。

4.推进师德师风建设。积极开展教师教育活动，引导教师认真贯彻执行《教师职业道德规范》《中华人民共和国教师法》《中华人民共和国未成年人保护法》《关于加强和改进新时代师德师风建设的意见》《新时代中小学校教师职业行为十项准则》等文件要求，提升广大教师的职业道德修养，不断提高全体教师遵纪守法、依法施教的思想认识水平。

（五）创新党建工作形式，确保各项工作落实

1.常态化开展党员读书活动。每周三定期开展党员读书分享会，深入开展党员读书活动，以达到学以致用和提高实效之目的；逐步以此为基础，结合学校融合分级阅读项目、

特色诵吟活动等推广到全体青年教师，提升教师自身素养。

2.启动党员学习量化考评。认真执行党内“三会一课”制度，按时召开支部大会、支委会和党小组民主生活会，认真上好党课。通过“三会一课”及党员教师讲党课，进一步提升党员的政治素养。

3.开展主题实践活动。从学校实际出发，挖掘、发现身边的榜样，以师德宣讲、评先评优等形式，引领全体教师争做人民满意的教师，要求党员身先表率做模范。立足农村学校实际，稳步推进赵宅中心小学“三轮竞课”党建＋教研模式，激发青年教师的内驱动力，提升教师的业务水平及专业素养。

4.推进“市级文明校园”的创建活动。进一步加强思想道德建设，通过党史党课进课堂、唱红歌观红影、组织红色研学等活动，大力弘扬爱国主义精神，以“耕读立德”育人实践活动为载体，切实增强全体教职工的民族自豪感和认同感，切实提高师生的文明素养。

5.围绕党建带队建，关心和支持工会、少先队的工作，以纪念日、节庆日等为契机，开展扎实有效的爱国主义和中华传统美德教育活动。丰富青少年思想道德教育的形式，以五彩党建活动开辟思政课育人新途径。认真做好工作，充分发挥先进党员的模范带头作用，引导青年教师爱岗敬业，为教育事业多做贡献；引导少先队员爱国爱党，矢志做社会主义事业的建设者和接班人。

6.逐步加强党建文化建设。积极争取上级支持，分阶段筹资布置党员先锋示范岗、党建文化阵地、党建知识长廊，最终形成具有乡村特色的党建文化氛围。

党建品牌创建与学校工作的有机融合，使学校各项工作得到全面提升。近两年，赵宅中心小学获得五项省级荣誉称号、一项省级优秀德育案例、两项市级荣誉。山东电视台曾两次报道我校诵吟及阅读活动。下一步，我们将会在上级各部门的坚强领导下，继续排除万难，砥砺前行，争取将赵宅中心小学打造成天衢新区农村学校的一张名片，为实现全省乡村教育振兴的宏伟蓝图贡献自己的力量！下附五大主题典型案例资料。

【案例一】红色引领之“童心向党　红歌传唱”合唱活动

中国共产党开辟了中国历史发展的新时代，使中国革命的面貌焕然一新。为了庆祝中国共产党建党100周年，构建和谐校园，丰富校园文化生活，向经典致敬，为英雄歌唱，用歌声放飞缤纷的梦想，用歌声唱响心中的激荡，2021年5月13日，我校开展了“童心向党　红歌传唱”合唱活动。

此次活动，在全校合唱的《红星照我去战斗》中拉开序幕。随后，各班级依次展示了《中国么么哒》《中国少年》《红星歌》《童心向党》《歌唱二小放牛郎》《学习雷锋好少年》《红领巾飘起来》《红星照我去战斗》《我们是共产主义接班人》。

一曲曲催人奋进的红色经典歌曲在耳畔响起时，埋藏在孩子们心中的红色激情也被点燃。

带着五月的激情，带着久久萦绕的回味，在这欢乐的气氛中，我们的“童心向党 红歌传唱”合唱活动也落下帷幕。唱响红歌，唱响中国，做坚定的共产主义战士。跟党走，永远跟党走，为了祖国的强盛，为了人民的幸福，为了共产主义事业，让我们齐心协力，团结奋斗，勇往直前。

【案例二】金色童年主题之社团活动纪实

2021 年，为进一步丰富学生的校园文化生活，提高学生的综合素质，我校立足实际，开展了丰富多彩的社团活动，为校园文化注入了新的活力。我校根据学生的兴趣爱好、特长等精心打造了九个社团，分别是篮球社团、乒乓球社团、童谣社团、益智课堂社团、吉他吟诵社团、户外游戏社团、黏土社团、吹塑版画社团、小主持人社团。为了更好地激发学生的兴趣，3 月 23 日，本学期社团活动拉开序幕，全体教师齐上阵，保证每名学生都能参与，逐步形成“全面发展、特色发展”的培养方式。

吹塑版画社团作品
（辅导教师：王松、郑凌云）

黏土社团作品
（辅导教师：方金鑫、李丽丽）

篮球社团活动

（辅导教师：李福祥、杨立霞、杨秀霞）

乒乓球社团活动

（辅导教师：杨帆、高书生、唐志伟）

户外游戏社团活动

（辅导教师：董楠楠、冯君君、王桂英）

吉他吟诵社团活动
（辅导教师：翟佳诺）

社团活动既为同学们提供了放松大脑、放飞心情的机会和空间，也为孩子们提供了施展才华的舞台。这些活动丰富了校园文化生活，营造了浓厚的校园艺术氛围。在活动中，学生既培养了兴趣，陶冶了情操，又开阔了视野，锻炼了能力。社团活动受到了学生的热烈欢迎。社团活动旨在让每一位学生找到自信，发展特长，体验成功感和幸福感，收到了良好的效果。

【案例三】蓝色成长主题之传染病防控及食品安全知识讲座

春季气候多变，乍暖还寒，是多种传染病的高发季节。学校是人群密集场所，而学生又是抵抗力较弱的群体。为普及卫生健康知识，提高卫生意识，预防和控制各类传染病的发生和流行，进一步做好学校春季传染病的预防工作和食品安全宣传工作，2022 年 2 月 28 日，赵宅中心小学邀请赵虎镇卫生院医师来我校开展春季传染病防控及食品安全知识讲座。

讲座主要围绕春季传染病的防控和食品安全两个方面的内容进行。医师通过讲解典型传染病的实例，用通俗易懂的方法使学生了解水痘、流行性腮腺炎等传染病的传播途径和预防方法，提高了学生的防范意识。同时，还采用现场互动的方式向大家演示如何在打喷嚏时用手肘护住口鼻。医师特别提醒学生应注意个人卫生，勤洗手，吃熟食，经常开窗通风，不要聚集在人多的地方，加强锻炼，提高预防意识。

医师创设情境，为学生讲解了食品安全的定义和相关安全事件。大家听得津津有味。最后，医师与同学们亲切互动，耐心解答同学们提出的问题。同学们畅所欲言，收获颇丰。最后医师还赠送了健康教育读本，鼓励同学们学好知识，做好防护，健康成长。

此次讲座使学生及教师增强了对疾病的预防意识,提高了对食品安全重要性的认识,对促进我校师生安全健康地工作学习具有重要意义。我校将持续把疾病防控工作和食品安全工作提升到一定的高度,努力建设健康和谐的校园。

【案例四】五彩党建之橙色感恩主题

2021 年,赵宅中心小学党支部坚持以党带队,依托社会、家庭和学校培养学生的道德品质,不断加强校园文明建设,努力构建和谐校园。

赵宅中心小学家长学校成立仪式简报

为打造家校合作育人平台,充分发挥家庭教育的基础性作用,促进学生全面健康发展,赵宅中心小学于 9 月 16 日上午举行了家长学校成立仪式暨揭牌仪式,开启家校深度合作育人新篇章。70 多名家长参加了此次活动,根据校园疫情防控要求,每位家长佩戴口罩,出示健康码,通过测温通道后进入校园。

首先,王成先校长为家长学校的成立致辞。他指出家庭教育具有十分重要的作用,号召家长们认真学习,提升自己的家庭教育能力,加强家校合作,共同促进孩子健康成长和发展。

在一片热烈的掌声中,王成先校长为家长学校校长李玉云和常务副校长杨玉明颁发聘书。随后,王校长和李校长一起为家长学校揭牌。此举标志着赵宅中心小学家长学校的正式成立,也标志着学校、家庭、社会三位一体的教育体系的建立。

最后，家长学校常务副校长杨玉明以“父母好好学习 孩子天天向上”为主题，与大家分享交流经验心得。她指出，任何事业的成功都无法弥补教育孩子的失败，并从家庭教育和学校教育、亲子关系和亲子教育的角度和家长互动交流。

一年级的一位家长会后兴奋地表示，第一次与专家这样近距离交流，感觉非常好，收获满满，希望学校多多举办这样的活动，让家长学会如何做合格的家长，在家长这个“岗位”上交出一份满意的答卷。

家长学校的成立揭开了家校合作的新篇章。学校会尽最大努力在育人方面给予各位家长指导和帮助，也衷心希望各位家长携手学校，形成家校互动、齐抓共管的教育合力，把每一个孩子都培养成自信、乐观、对社会有益的栋梁之才。

【案例五】绿色创新之航天展研学活动

为普及航天知识、弘扬航天精神，2021 年 6 月 29 日，赵宅中心小学组织部分师生参加“寻根航天 探梦苍穹——德州市首届航天科普主题巡展”研学活动。本次活动对学生来说不仅是一次探索，更是一次逐梦，航天梦、科技梦已经在学生心中扎根、发芽……

进入展厅，仿佛进入了太空世界。在讲解员老师的带领下，同学们排着整齐的队伍有序进入场馆参观。巡展以国家航天重要发展节点成果为主线，系统介绍我国航天事业发展的过去、现状和未来。

参观完展厅后，同学们来到了航天知识小课堂。老师用形象生动的语言带领学生了解航天知识。学生们都认真聆听，积极互动。随后，同学们开始了期盼已久的火箭模型组装，认真看图、对比、尝试、组装、研究、调试……在一次次尝试中体会到探索的乐趣，最终拼装成功，开心之情溢于言表。

中国航天事业从艰苦岁月开始，经过一代代航天人的努力奋斗，取得了巨大的进步，创造了辉煌的成就。本次活动使学生了解了我国航天事业发展的历史、现状和未来，有利于激发学生的民族自豪感和自信心。这是一次逐梦活动，心中有梦，逐梦前行，未来可期！

二、诗词润德弘扬优秀文化

党的二十大报告指出："坚持和发展马克思主义，必须同中华优秀传统文化相结合。"诗词是中华优秀传统文化的重要载体，也是我们汲取中华优秀传统文化智慧、塑造中华人文精神的重要来源。爱国诗词更是其中的璀璨明珠，诗人们以笔墨为剑，以情感为盾，展现出赤子之心。2024 年 1 月 1 日起，《中华人民共和国爱国主义教育法》正式实施。为全面落实《中华人民共和国爱国主义教育法》，我校依托书香校园建设大环境，构建小学德育新模式——诗词润德，通过开展走近爱国作家系列阅读活动，培养学生对中华优秀传统文化的热爱和传承意识，让学生在吟诵品悟中感受诗词之美，体会作家情感，培育家国情怀，提升道德素养。借助诗词润泽童心，引导学生树立正确的世界观、人生观和价值观，提升学生的道德素养，培养具有家国情怀、良好品德的新时代少年。

结合小学阶段学生的年龄特点和认知水平，开发适合学生的爱国主义教育读本。组织学习红色革命诗词，传承红色基因，厚植家国情怀。2023 年上半年，全校开展“走近苏轼，品读苏轼诗词”活动；2023 年下半年，开展“品读辛弃疾诗词”活动。2024 年，赵宅中心小学阅读团队的教师们分工合作，编写了爱国主义教育读本第一卷——《愿得此身长报国》。读本一经问世，学生们便手不释卷，掀起了一股学习爱国诗词的热潮。

构建诗意学科课堂。将诗词教育融入日常学科教学，如语文、音乐、美术等，实现德育与智育的有机结合。通过诵读、赏析、创作等多种形式，让学生在学科学习中感受诗词之美，提升自身素养。

开展诗词文化活动。定期举办诗词朗诵比赛、诗词书写比赛、诗词创作大赛等活动，让学生在参与中感受诗词魅力，增强文化自信。同时，结合传统节日和纪念日等，开展诗词主题教育，弘扬中华民族传统美德。

通过开展“走进爱国作家”系列活动，我们提炼了“三项内容”，拓宽了“两条路径”，用好了“三个阵地”，以保障活动顺利进行。“三项内容”是指诗词原文原句、诗词的写作背景、诗词的人文教育意义。“两条路径”是指“学科融合”和“活动整合”。“三个阵地”是指落实课程内容的学科阵地——第一课堂，丰富课程形式的活动阵地——第二课堂，拓展课程载体的家庭阵地——第三课堂。

每周一升旗时的班级风采展示是学生最为期待的时刻之一。每周一个班轮流,每个班级提前选择展示的内容,而展示的内容就是爱国诗词。有一次,五一班的同学们展示了《示儿》,凄美的音乐,绵绵的爱国情谊,夹杂着渴望王师北定中原的祈盼。负责排练的方金鑫老师后来描述,她也没想到孩子们会在她的指导之外融入更多的元素和角色对白,使得本来不长的一首七言律诗展示了近五分钟。展示完成后,台下的师生掌声雷动,无不深深沉浸在诗词的意境之中。

德育处的几位党员教师为了定格这些美好的瞬间,付出了艰辛的努力,涉及组织队形、准备背景音乐与话筒耳麦、进行视频录制等诸多方面。每个班级的展示情况都会发布在学校当天的公众号里,向社会各界展示同学们的风采和学校的育人成果。到现在,这一活动已持续了近三年,赢得了广泛赞誉。

三、五育融合打造温馨校园

2022年,学校着手申报山东省第四批乡村温馨校园,笔者对学校工作进行了梳理,决定以"五育融合"为切入点。之所以称为"五育融合",而不是"五育并举",是因为笔者始终认为"并举"所体现的,是一个个独立的分支,它们之间没有交集;而"融合"则是将一个个独立的分支拧成一股绳,既相互独立又互相交织,在事实上生成了育人途径的合力。

近年来,学校严格遵守教育法律法规,贯彻党的教育方针,坚持社会主义办学方向，为党育人，为国育才。同时，全面落实《山东省义务教育学校管理标准》，建立健全各项管理规程；开齐课程，开足课时，严格执行教育部减负“三十条”规定和《山东省普通中小学办学基本规范》相关规定，着力减轻学生作业负担。学校在确保学生达到规定学业质量要求的同时，立足乡村实际，聚焦“五育融合”，积极实施教育改革与实践，在创建温馨校园、提升师生幸福指数和群众满意度等方面都取得了显著成绩。

(一)以“五育融合”办学理念为载体升华校园精神

在开展乡村温馨校园创建的实践中，学校始终把“办好老百姓家门口的学校”作为一切工作的出发点和落脚点，学校开辟了“传承＋创新”的学校文化引领内涵发展之路，旗帜鲜明地提出了“雅美育人，各美其美”的学校发展愿景，以及“发展学生，成就教师”的师生发展目标。在这个诗意美好的空间里，教师能够“修炼雅韵教育人生，享受美好教育生活”，成为“正气、睿智、和谐、阳光”的“雅美之师”；学生不仅要会读书、会学习、有书卷气，还要会生活、会做人、有刚健体魄、有创新精神、有责任担当，成为“崇德、博学、健体、尚美”的“雅美少年”。学校积极为师生发展提供保障，着力改善校园环境与午休条件等，解决师生的午餐配送问题，不断提升师生的幸福指数。

1. 以“五育融合”教学理念为核心提升教师素养

赵宅中心小学对接学校发展愿景，构建了“135”雅美教师修炼课程体系。“1”是指雅美教师发展的愿景——修炼雅韵教育人生，享受美好教育生活；“3”是指从修德之美、修业之美、修身之美三个层面培育教师；“5”是指活动引领、评价导向、组织保障、平台助力、成果物化五条路径。整个体系紧紧围绕习近平总书记提出的“有理想信念、有道德情操、有扎实学识、有仁爱之心”的“四有”好老师形象来综合设计，使教师在五育融合这个大熔炉里得到全方位成长，不仅拥有安身立命的职业技能，更拥有饱满的幸福的生命状态。“雅美论坛”微讲堂旨在引导教师做实干型加思想型的教师，随时对学习、工作、生活进行正向反思、总结、提炼。经过学习，平等对待、关爱每一名学生已经成为全体教师的共识和行动指南，谈心、家访、心理疏导等工作有序开展。专门帮扶学困生、留守儿童和残障儿童的“春雷”班自创立以来，全体教师倾尽爱心，每天给予关怀指导，学生们进步明显。老师们的付出换来了学生的尊敬，师生之间相处更加融洽，学生的行为举止更加文明。

2.以“五育融合”课程理念为核心重构课程体系

学校制定了“生本＋雅美”课堂教学改革等指导性系列方案，从过程、学科、学校、教研四个层面全方位系统化提升学校的管理水平，促进教学过程管理的规范化、科学化，以精致管理提升教师专业水平，提高学校教育教学质量，促进学生德、智、体、美、劳全面发展，形成学校特色。学校以已有的“全国青少年足球特色学校”和“乡村学校少年宫”为基础，丰富和完善学生社团活动，开发出“七美”课程，即美德课程（党建品牌创建、德育精品课程）、美文课程（语文主题学习、数学生本课堂）、美心课程（国学吟诵社团等）、美艺课程（剪纸社团、美术社团等）、美智课程（魔方社团、益智游戏社团等）、美劳课程（试验田基地、劳动值周）、美体课程（舞蹈社团、乒乓球社团、足球社团、篮球社团等），做到有课程目标、课程计划、课程内容、课程实施、课程评价，确保学校“五育融合”校本课程化，以课程建设落实立德树人任务，注重发展学生的核心素养，培养全面发展的人。以美劳课程为例，学校利用校内闲置的空地，开辟出了二十四节气实验田，让学生践行绿色种植活动，种植各种蔬菜等，通过参加劳动，体验劳动的辛苦与快乐，从劳动中获取知识，养成吃苦耐劳的良好品质。

图 4.2　学生在耕种园内进行实践活动

利用学校周边资源，开辟第二课堂。定期组织学生到周边产业园的蔬菜大棚中学习蔬菜种植技术，了解植物生长及管理知识等。

图 4.3　把课堂搬进产业园蔬菜大棚

注重利用艺术节、读书节、科技节、体育节、足球趣味运动会、田径运动会等，开展丰富多彩的活动。重视体育训练、传统文化教育，下力气进行课程建设，做好足球、乒乓球、经典诵读、童诗创作、生活技能课程等特色活动或课程建设。

图 4.4 艺术节展演

图 4.5 “典籍里的声音”吟诵展示会

(二)以“五育融合”育人理念为核心开展团队活动

学校少先队大队将社会主义核心价值观和地域传统文化融入少先队的活动中，编写了赵宅中心小学少先队活动校本课程《萌芽》，作为少先队开展活动的参考教材，使少先队活动开展有章可循。认真落实《中小学生守则》《中小学生日常行为规范》，制定检查细则，对班级卫生、纪律进行检查评比，当日公示，周一表彰。常态化开展法制宣传教育及防欺凌教育，以有效杜绝打架斗殴、校园欺凌现象的发生。针对有心理问题的学生，及时开展心理团辅活动，干预治疗。

利用节庆纪念日、仪式教育活动、校园艺术节、团队活动等，开展形式多样、主题鲜明的教育活动，以鲜明正确的价值导向引导学生。组织开展“红色研学之旅”，走进爱国主义教育基地——德州市档案馆、德州市博物馆等，进行理想教育，激发爱党、爱社会主义的朴素情感，坚定理想信念。

(三)以“五育融合”合作理念为核心开展家庭、学校、社会活动

学校积极探索家庭、学校、社会协同育人机制，在德州市妇联的大力支持下，成立了家长学校并定期开展活动；家长积极参加学习，提升家庭教育能力，配合学校做好教育工作。少先队员走进社区，宣传“双减”政策，推动政策落实。家庭、学校、社会持续有效的沟通拉近了家长与学校的距离，使家长更加认可学校的办学行为，群众满意度测评在98%以上，周边村庄对学校认可度非常高。

图 4.6　少先队员宣讲“双减”政策

图 4.7 家长学校成立

图 4.8 家长学校上课活动

(四)以"五育融合"文化理念为核心构建校园文化

学校结合乡村实际,以二十四节气为主题,以"五育融合"为目标构建校园文化。将社会主义核心价值观、校史长廊、二十四节气主题壁画、中华优秀传统文化有机结合,营造时时育人、处处育人的文化氛围。教室设计既有统一的前风后训,又有具有班级特色的文化墙。

图 4.9 二十四节气文化美术作品展

2023 年，我校成功获评为山东省第四批乡村温馨校园、山东省绿色学校。在准备、积累申报材料的同时，笔者主持的两项学科类课题先后完成了结题工作。

(五)开展"云端五育"，将思政课程融入线上教学

"疫情就是命令，防控就是责任。"在疫情肆虐复杂严峻的背景下，赵宅中心小学积极响应山东省教育厅和市、区教育部门关于"停课不停教、停课不停学"的号召，扎实有序开展线上教学。

学校一如既往地把促进学生身心和谐发展、培养学生自主学习能力放在重要位置，制定《赵宅中心小学疫情防控期间中小学线上学习与生活实施方案》，在线上教育中突出爱国主义、公民道德、公共卫生、生命意识和心理健康等教育。严格落实各项疫情防控措施，创新教研方式，加强线上指导，以"云端"相聚的方式开展丰富多彩的线上德育、体育、美育、劳动、心育等课程，实现停课不停教、停课不停学。

1. 线上德育：人人争做新时代好少年

习近平总书记强调："要抓住青少年价值观形成和确定

的关键时期……引导青少年扣好人生第一粒扣子。”在实施线上教学之前，赵宅中心小学首先落实好线上德育教学课程安排。在落实好思政课程教学外，结合疫情防控工作，组织党员骨干教师从疫情知识、科学防控、责任担当、致敬英雄、家国情怀等方面确定主题内容，制作微课，并分享至各班级群，为学生提供线上学习资源，教育引导学生争做新时代好少年。

图 4.10 郑老师做“以春风为伴 携安全同行”的主题演讲

(1)线上升旗

立正敬礼，高唱国歌。虽然身在房间内，面对的着的是屏幕，但学生们的庄严肃穆不亚于身处校园广场之时。自线上教学以来，“云升旗”仪式成为赵宅中心小学每周教学中最为庄严的时刻。

(2)清明节主题教育

清明节作为中华民族的传统节日，有着深远的文化内涵。为了帮助学生进一步了解中国传统节日的文化内涵，铭记革命先烈的英勇事迹，赓续红色血脉，传承红色基因，赵宅中心小学组织开展了清明节系列主题教育活动。

活动一：开展“缅怀革命先烈，传承红色基因”线上主题班会

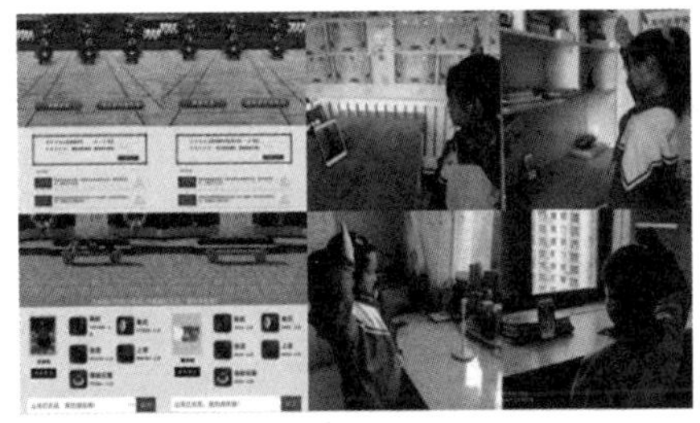

活动二：“云祭扫”缅怀英烈

活动三：手工作品献英烈

活动四：诗词朗诵赞英烈

图 4.11　清明节主题教育活动

2.线上体育:居家锻炼强体魄

疫情防控期间,学生居家不外出,锻炼成了问题。同时,线上教学相较于课堂教学,学生会面对电脑、平板等电子产品屏幕,长时间久坐,身心精力消耗更多。如何开展居家体育锻炼、保持学生身心健康是一个急迫的问题。为此,赵宅中心小学体育教师根据学生的年龄特点,制定了不同的活动方案,通过班级QQ群或者微信群发送给学生和家长,方便学生运动锻炼。

3.线上美育:e起感受美、传播爱

教学阵地从教室变成家后,音乐课、美术课等各学科教师在网络平台上各显神通:语文老师通过屏幕指导学生临摹字帖,以让学生保持正确的握笔姿势;音乐老师在教学平台播放乐曲与学生,共同感受美的旋律;美术老师滚动播放教学PPT,讲解各种美图的构图、线条、色彩,解析美的各种呈现方式。赵宅中心小学全体学生用绘画的形式“艺”起助力抗疫,用笔画爱,用情发声,传递“抗疫必胜”的信念,向奋斗在一线的英雄们致敬,为抗击疫情助力,为德州加油,为中国加油!

图4.12 学生作品展示

4.线上劳育：变身居家生活小能手

线上教学伊始，赵宅中心小学向广大同学和学生家长发出建议，增强学生的自理能力，帮助学生树立“自己的事情自己做、自己的东西自己理”的思想，学习交流生活小窍门，培养学生的自我管理能力和责任意识。主动洗碗，叠好自己的衣物被子，烧一道简单的家常菜，维护个人和家庭环境卫生……同学们不仅仅培养了一种习惯，更学会了一项生活技能，养成了一种勤劳的品格。此举还可以增加亲子交流，用亲子互动培养爱的力量流，让孩子享受到劳动的快乐，增强他们的责任与担当意识。在强调家务劳动的同时注重加强手工劳动，提升学生的动手能力，根据不同年龄阶段学生的理解能力，开展制作小小降落伞等指导课程，在动手制作的同时启发学生思考背后的科学原理，提升学生的理解领悟能力。

图 4.13　学生居家劳动掠影

5.线上心育：护航学生健康成长

自开展线上教学以来，赵宅中心小学坚持把师生身心健康放在第一位，通过多种形式进行心理关怀，消减疫情对学习生活的影响，全力保障全体师生的心理健康。学校安排班主任教师分学段分年级录制、上传“如何进行自我管理”“怎样缓解焦虑”等心理健康教育课程资源，向各班提供心理健康教育微课视频，供学生在线上学习。学校还积极对接德州市志愿者协会，组建心理援助志愿服务队，及时为广大师生及家长开展心理危机干预、心理咨询等服务，对涉及隔离管控、居家健康观察的师生建立“一对一”联系机制，持续跟踪了解师生居家期间的学习、工作、生活及身心状况，时刻关注学生的身心健康发展。

自3月14日开展线上教学以来，赵宅中心小学通过“云端五育”，将疫情防控这一特殊“事、时、势”融入线上教学之中，落实立德树人的根本任务，以“线上课堂”为主阵地，充分发挥思政课程的作用，让德育与智育同向同行，让“思政小课堂”连上“时代大课堂”。在恢复线下教学之前，我们会坚持推进“云端五育”，砥砺前行。

四、美德引领创建文明校园

随着学校德育建设的不断进步，我任职的两所学校先后被评为区级文明校园、德州市规范化学校。2023年，赵宅中心小学作为全区两处美德示范点之一，向天衢新区文明办汇报工作情况。汇报材料全文如下：

天衢新区赵宅中心小学美德示范点汇报材料

一、学校概况

德州天衢新区赵宅中心小学位于赵虎镇赵宅村，建校于新中国成立初期，2016 年搬入现校址。学校自创立以来，一直致力于为学生提供优质的教育资源，并积极推动校园文化建设。目前，全校现有学生 412 人，12 个教学班；教职工 34 人，全部达到国家规定学历。

二、美德示范点背景介绍

近年来，随着社会对青少年道德教育的重视，本校也积极响应国家号召，将美德教育作为校园文化建设的重要内容。赵宅中心小学立足现有条件，依托乡村资源，创造性开展“耕读立德”育人实践，取得了一定的效果。我们意识到，通过创建美德示范点，可以更好地推广和落实美德教育，同时能提高全体师生的道德素质和社会责任感。

三、美德示范点的特点

1. 注重德育教育。学校将德育教育贯穿于教育教学全过程，通过课堂教育、主题活动、社会实践等多种形式，培养学生的道德观念和行为习惯。

2. 强化制度保障。学校不断完善德育管理制度，明确美德示范点的建设目标、标准和工作要求，确保美德示范点建设有序推进。

3. 丰富活动载体。学校开展多种形式的美德实践活动，如志愿者服务、文明礼仪讲座等，让学生在参与中体验美德的内涵。

4. 家长、社区参与。学校积极邀请家长和社区参与美德示范点建设，形成家校共育、社区支持的良好氛围。

四、美德示范点创建过程

1. 制定美德示范点建设方案。我们通过多次讨论和研究，制定了详细的建设方案，明确了建设目标、任务和实施步骤。

2. 开展美德教育活动。我们组织了多种形式的美德教育活动，如主题班会、道德讲座、志愿服务等，以增强学生的道德观念和社会责任感。

3. 建立美德评价体系。我们建立了美德评价体系，将美德表现纳入学生综合素质评价中，激励学生自觉践行美德。

4. 加强师资培训。我们定期组织教师参加美德教育培训，提高教师的道德素质和教育水平。

5. 营造美德氛围。我们通过校园文化建设，营造了良好的美德氛围，让学生在潜移默化中受到熏陶。

五、美德示范点建设成果

1. 学生道德素质显著提高。通过美德示范点的创建，学生的道德素质得到了显著提高，校园文明程度大幅提升，尊老爱幼、助人为乐、爱护公物等行为已经成为校园新风尚。

2. 校园氛围更加和谐。在创建美德示范点的过程中，师生之间的互动更加频繁，关系更加融洽，校园氛围更加和谐。

3. 社会反响热烈。我们的美德示范点建设得到了社会各界的广泛关注和赞誉，学校的美德教育成果得到了家长、社区和社会的广泛认可，为学校树立了良好的社会形象。许多兄弟学校纷纷前来参观学习。

4. 评价机制逐步健全。学校在美德示范点的创建过程中，注重制度建设、活动设计、资源整合等方面的工作，形成了较为完善的经验体系。

六、未来的计划与展望

1. 持续推进美德示范点建设。我们将进一步完善美德示范点建设方案，持续推进美德教育活动的开展，不断提高学生的道德素质和社会责任感。

2. 加强与社会的互动。学校将不断丰富美德实践活动的形式和内容，让学生在参与中深化对美德的理解和体验。我们将加强与社会的互动，通过公益活动、志愿服务活动等，将美德教育与实践相结合，培养学生的社会责任感和奉献精神。

3. 加强与家长、社区的合作。学校将进一步加强与家长和社区的合作，形成家校共育、社区支持的德育教育新格局。借鉴国外先进的道德教育经验和方法，推动本校美德教育不断创新和发展。

4. 建立长效机制。我们将建立美德示范点的长效机制，确保美德教育在本校长期推进和落实。同时，我们将定期对美德示范点建设进行评估和总结，不断优化和完善建设方案。

5. 继续加强美德教育宣传。学校将通过多种渠道，加强对美德教育的宣传，提高师生和家长的美德意识。

总之，学校美德示范点建设取得了显著成效，学生的道德素质得到了明显提高，校园文明程度也得到了提升。我们将继续努力，为培养具有良好道德品质和行为习惯的学生而努力。

五、耕读立德的创新实践

（一）全环境立德树人

新的时代背景和新的教育大环境下，教育已经从原来的交给老师变为全员参与、全要素参与。我校为适应新的形势变化，较早地落实了全环境立德树人的工作要求，建立了家长学校，成立了由学校、镇街、社区、公安、消防、卫健等多部门共同参与的学校综合治理办公室，隶属学校德育处统一协调管理。下为赵宅中心小学推进全环境立德树人工作实施方案。

赵宅中心小学推进全环境立德树人工作实施方案

为认真贯彻落实山东省《关于实施全环境立德树人 加强和改进未成年人思想道德建设的意见》，以及《德州市中小学幼儿园推进全环境立德树人工作实施方案》等文件要求，着力强化学校育人主阵地作用，优化立德树人学校环境，现制定推进全环境立德树人工作实施方案如下。

一、总体要求

以习近平新时代中国特色社会主义思想为指导，全面贯彻党的教育方针，坚持社会主义办学方向，把立德树人的根本任务贯穿学校教育教学全过程,依据不同学段学生的心理特点和成长发展需求,坚持统筹规划、分层实施、有效衔接、整体推进的原则,突出以德立校、以德立师、以德立生,着力构建“时时、处处、人人”育人的全环境立德树人体系,形成全员育人、全程育人、全方位育人的工作格局,努力培养担当民族复兴重任的时代新人。

二、工作措施

(一)强化党建引领,健全立德树人机制

1.强化学校组织领导。坚持以党建促德育、以党建带队建,牢牢把握党对德育工作的领导权。创新“党建+德育”融合新机制,推动党建工作与教育教学、德育和思政工作深度融合,积极开展“五彩党建,党旗引领青春路”党建品牌创建活动,以“五彩党建”开辟思政课创新实践新路径,丰富青少年思想道德教育的形式。严格党员教育管理,健全“双培养”机制,加强对优秀教师的政治引领和政治吸纳。

2.建立长效治理机制。修改学校章程,将全环境立德树人写入学校章程,优化完善学生管理规定,突出对学生品行的激励奖惩,引导学校畅通师生诉求反映渠道,建立接诉即办机制,及时掌握和解决倾向性、苗头性问题。健全学校规范办学监督管理机制,坚决纠正功利、短视教育行为。落实《山东省义务教育条例》《新时代中小学(幼儿园)日常品德和文明礼仪规范》等条例、规范要求,规范学校的办学行为。

3.压实全员育人责任。建立全员育人责任清单,将联系帮包学生的责任落实到每一位专任教师。坚持以德为先,注重选用有教育情怀的干部，把立德树人成效作为班子成员述职评议考核的第一指标。加强班主任队伍建设，提升班主任育人能力。建立服务质量监督评价制度，将育人工作纳入考核评价，引导管理服务人员落实以德示范、以德育人的责任。

4.完善育人评价体系。深入推进教育评价改革，建立完善教育高质量发展评价体系。结合义务教育质量评估，建立学校教育质量评价有效机制。完善教职员工以德育人考核评价体系，提高师德师风、以德育人成效在职称评聘、荣誉评选和教育评价中的比重，加大“最美教师”的选树宣传力度。定期开展“新时代好少年”“美德少年”等选树活动，表扬嘉许德行优良的学生。推进落实义务教育质量监测制度、课业负担监测制度，发挥监测结果的诊断反馈作用。

（二）以学生为本，开发立德树人课程

1.深化课堂教学改革。强化学校课程实施主体责任，充分发挥课堂教学育人的主渠道，加强学校立德树人课程建设。推进“达标课堂”建设，着力培养学生的必备品格和关键能力，开展“三轮竞课”教研模式研究，充分挖掘各学科蕴含的德育价值，强化学科核心素养与德育的融合，将育人目标落实情况作为课堂教学质量达标的重要标准。拓宽学习内容和学习资源，将传统文化引入课堂，开发校本课程，设立学生自主选课学习日。

2.强化思想政治教育。发挥好思政课程育人主渠道作用，实施思政课改革创新“六大行动”，组织教师参加示范课例遴选活动，培养一批思政课程名师。建立其他学科教师会同思政课教师、班主任集体备课制度，定期开展思政课程教学设计专题研讨活动。制定学生学业述评和学情会商实施办法，将学生思想品德发展情况作为首要内容。

3. 培养健康心理品质。学校面向所有学生建立“一生一策”心理档案，每学期至少开展一次面向全体学生的心理健康筛查，强化心理咨询辅导，做好心理疾病预防和心理危机干预服务。运用心理热线、心理信箱、心理讲座等形式，为学生及家长提供常态化心理援助。开展心理健康月、心理剧表演、特色沙龙等活动，为每一位学生的阳光成长提供保障。积极开展教师心理健康知识专题培训，组织教研活动，加强心理健康教育课程的开发与建设，打造心理体验式课堂。加强生命教育、挫折教育，建立完善校园欺凌防治机制。

（三）守正创新，探索立德树人路径

1. 提升活动育人成效。以少先队活动课程为抓手，以丰富多彩的德育活动、社团活动为载体，开展主题教育。以“文明礼貌月”为主题，抓好常规教育，强化养成教育。以“传承红色基因，争做时代新人”为主题，抓好红色教育，厚植爱国情怀。以“我们的节日”为主题，融合传统教育，增强文化自信。以科技节、体育节、艺术节、读书节四大节为主题，分别开展丰富多彩的活动，充实校园生活，提高综合素质。

2. 突出实践育人作用。积极挖掘社会各方面的教育资源，通过各类主题实践、劳动实践、研学旅行、志愿服务活动，增强学生的社会责任感、创新精神和实践能力。利用本校的土地资源，建立劳动教育实践基地，让学生在劳动实践中体验艰辛和乐趣，享受劳动成果。开展研学旅行，使学生将书本知识和生活经验相融合。广泛开展志愿服务，建立校内“小雷锋”志愿服务岗，引导形成奉献社会的道德风尚。

3. 构建文化育人环境。加强校园绿化、美化和人文环境建设，以优美环境陶冶高尚情操。以社会主义核心价值观为引领，以“文明校园”为抓手，打造特色育人空间。加强书香校园建设，激发学生的读书兴趣，陶冶其情操。加强校风、校训、教风、学风建设，构建以“校训”“校风”为核心的校园视觉景观文化系统，形成引领全校师生共同进步的精神力量。

4. 探索特色育人路径。结合学校的区位特点，把农耕和阅读作为实现德育目标的途径，开发耕读立德特色育人课程，多渠道多途径开展乡村特色育人实践。以耕筑基，普及基础农耕课程，让学生走进田野、体验劳作、养成良好的习惯品质；读诵吟结合，以读润魂，开发特色诵读课程，让学生徜徉书海、对话先贤、传承中华优秀文化；耕读立德，创新德育实施途径，开发课程与评价体系。

（四）协同育人，构建立德树人格局

1. 建好用好家长学校，培养家庭指导员。学校将家长委员会纳入学校日常管理，制定家长委员会章程，组织开展形式多样的家庭教育指导服务和实践活动，引导广大家长积极、有序、规范地参与学校教育教学与管理。

2. 完善教师全员家访制度，实现家访全覆盖。学校每学期集中开展一次全员教师家访活动，把家访工作开展情况作为教师考核的重要内容。此外，倡导学校领导、班主任、任课老师和心理健康教育教师进行组团式、项目化、跟进式的家访。

3. 深入开展家庭教育志愿服务。在学校倡导、家长自愿的原则下，发挥家长优势，组建“家长教师”“家长特色课堂”“家长护学岗”“课后服务家长课堂”等，让家人积极参与学校的安全管理、活动开展及课后服务等。

4. 推进家庭教育宣传活动。定期开展“智慧家长”“书香家庭”评选活动，利用微信公众号等平台开设“家校共育”专栏，定期或者不定期发布家校协同育人的文章等。

5. 发挥部门联动作用。联合公安、消防、卫健等部门开展法制知识宣传、安全和卫生知识讲座、防火防震演练等活动，共同搭建社会育人平台，构建协同育人新格局，营造立德树人新生态。

三、实施步骤

1. 动员部署。制定《赵宅中心小学推进全环境立德树人工作实施方案》，成立组织机构，制定责任清单，压实各负责人责任。

2. 参观学习。结合工作实际，通过参观示范性学校等学习活动，学习立德树人工作经验，完善本校工作实施方案。

3. 加强宣传。丰富立德树人活动形式，加强德育课程建设，完善德育评价体系，定期推广典型案例。

4. 巩固提升。领导小组开展全校立德树人工作成效评估,组织开展专项督导检查,发挥评估和检查结果的诊断反馈作用,巩固改革成果,查摆问题短板,强化工作举措。学校定期召开全环境立德树人工作推进会议,推动全环境立德树人工作常态化、制度化、长效化。

四、工作保障

1. 加强组织领导。充分认识全环境立德树人的重要意义,将其作为学习贯彻党的二十大精神的切实举措,摆上重要议事日程。校长要发挥好模范带头作用,带领全校教职工落实立德树人的根本任务。

2. 强化资金保障。建立健全全环境立德树人工作支持和保障制度,在项目安排、资金分配、人员配置等方面予以适当倾斜。加大对全环境立德树人工作的资金支持力度,保障科学研究、教学提升、家校互动、社会实践等领域工作的需要。

3. 强化科学研究。加强对全环境立德树人的研究,建立全环境立德树人教科研体系,开发相关课程。积极探索全环境立德树人的规律特点,创新实践路径,总结形成先进经验和典型案例。

4. 大力宣传推广。充分利用融媒体平台手段,加大对全环境立德树人优秀案例、特色活动的宣传推广力度。支持鼓励相关教师参与全环境立德树人宣讲活动。充分利用校报、校刊、学校公众号、广播、电视台等,加强对师生的教育引导、熏陶感染,营造全环境立德树人的浓厚氛围。

1. 健体锻德——方庄小学的羽毛球运动

近年来，德州市羽毛球运动发展较快，业余培训机构数量较多，但这项运动在校园中普及度不高。2018 年，笔者当时所在的方庄小学虽是一所农村学校，但一直注重学生的体育发展。为认真贯彻落实《中共中央国务院关于加强青少年体育增强青少年体质的意见》，方庄小学结合本校实际情况，决定开展以羽毛球运动为载体的形式多样的体育活动，打造学校羽毛球运动特色，推进学校素质教育全面发展。

2018 年开展羽毛球特色活动定下的目标是一年拉开框架，两年夯实基础，三年初见成效。在这期间，学校充分发挥专业教师的优势，按照学生身心发展特点，分为 1～2 年级、3～4 年级、5～6 年级三个学段，确定培养运动兴趣、提高运动技能、体验成功和懂得欣赏羽毛球运动三个方面的学段内容标准。通过各学段的教学活动，不断培养学生对羽毛球运动的兴趣，传授基本的羽毛球运动知识技能，让学生不断挖掘理解羽毛球运动的内涵，提高学生在羽毛球运动欣赏等方面的能力，积极创建学校羽毛球运动的品牌，形成“人人会打羽毛球，人人掌握基本技能，人人会欣赏”的校园羽毛球运动氛围，不断丰富学校特色品牌的内涵。

2018 年，在特色课程的创建起始阶段，我们主要是培养学生对羽毛球运动的兴趣，通过羽毛球趣味性游戏，引导学生积极参与并体验羽毛球运动带来的乐趣，初步构建羽毛球运动校本教材体系。

2019 年，在特色课程的初步发展阶段，主要是营造羽毛球运动氛围，通过已有的资源宣传我校的特色羽毛球运动，让全校师生都了解它并热爱它。通过张贴羽毛球优秀运动员海报、相关特色手工编织、手抄报等培养对羽毛球运动的兴趣，最终形成师生互动、生生互动的羽毛球运动氛围。

2020 年，在特色课程的提高阶段，先是通过学习羽毛球操初步接触羽毛球运动的基础动作，然后通过社团活动，如校队训练，巩固技术动作，使学生更加了解羽毛球运动的内涵，在帮助学生熟练掌握羽毛球运动技能的同时，培养会参与、会技能、会欣赏的“三会”学子，从而形成我校的体育特色。

通过多种方法，让全校师生了解羽毛球运动，并让全体师生知道“使每个孩子毕业后会打羽毛球”是我们的目标。正因为目标清晰、方向明确，所以教师融入其中，和学生一起学习羽毛球运动知识与技能。通过班级微信群、班级多媒体等，播放教学视频和羽毛球比赛视频等，让学生对羽毛球运动有更深层次的了解，进而对羽毛球运动产生浓厚的兴趣，而后就有参与的冲动。学校也举办了教师羽毛球基础培训，使我校教师在大课间可以和学生进行互动交流。师生互动，生生互动，培养对羽毛球运动的兴趣和终身参与体育运动的意识。

利用有限的场地进行宣传。在二楼楼道，开辟专门的版面张贴我国优秀羽毛球运动员如林丹、王仪涵等的照片，在课堂上结合他们获得的荣誉和平常的刻苦训练事迹，对学生进行宣传和教育，使学生从思想上认识到好的球技与平常的刻苦训练是紧密相连的。

通过各种小比赛营造氛围。学校开展了一系列有关羽毛球运动的手抄报比赛、知识竞赛，使学生更加了解羽毛球运动、热爱羽毛球运动。

认真编排羽毛球韵律操《羽动青春》。将羽毛球运动各个动作与韵律操结合起来，寓教于乐，使学生在潜移默化中掌握羽毛球的发球、击球、扣球等基本技术动作。

为了保证羽毛球运动教学规范有序推进，学校与德州鹏程羽毛球学校合作，编写了羽毛球运动校本教材，并于2020年开始使用。教材以引导学生参加体育锻炼、掌握科学锻炼方法、培养体育意识为宗旨，从促进主动参与、技能学习、身体健康、心理和社会适应四个维度进行撰写。在内容呈现方面，将知识与游戏相结合，图文并茂。在内容安排上，重点引导学生掌握基本技能，培养兴趣，并兼顾学生竞技体育水平的提高。

在小学羽毛球运动校本教材的开发过程中，根据学校实际教学情况、师资现状、场地设施现状，结合学生身心发展的需求，首先从顶层建设出发，成立学校体育课程改革领导小组，由课程改革负责人与社团建立联系，从学校体育课程开发的七个方面入手进行沟通协调，将社会技术资源与学校教学相整合，最后形成合作协议正本，以此作为合作的基础。学校先后成立了羽毛球绳编社团、羽毛球操社团、羽毛球社团等，为羽毛球运动的普及和校本教材开发创设途径。

为实现全民参与，进一步普及、提高羽毛球运动水平，我校采取的途径如下：

全体学习。目的是使学生和教师进一步规范基本技能，掌握羽毛球操及由羽毛球操延伸出来的对动作的理解。

分组学习。在课堂教学和课外体育活动中，根据学生的技术水平分成均等的几个组，确定两个层级目标（整个小组的教学目标和各个组员的学习目标），通过分层练习达到整个小组成员共同进步的目标。

引入竞赛机制。根据教学进度安排全校性的颠球比赛、羽毛球操比赛、发高远球比赛等，促进同学们思考和练习。

组建校队。通过竞赛，发掘全校综合技术水平最佳的 20 名学生作为校二队。

成立校一队。在校二队训练的基础上，把技能基础扎实、发展潜力好的前 12 名同学组建为校一队。

强化训练。校一队的队员由学校和社团老师共同负责，每周在校训练四次。

2021 年，学校单独组队代表天衢新区参加德州市中小学生羽毛球联赛，获得女子团体第六名、男子团体第八名的好成绩，为全区赢得了荣誉。

图 4.14 学生在全区运动会开幕式上展示羽毛球操

2.健体锻德——赵宅中心小学的校园足球运动

2021年，笔者调任赵宅中心小学。该校为全国青少年足球特色学校，也是一所农村中小学足球特色学校。在乡村振兴的大背景下，农村中小学教育正迎来前所未有的发展机遇。足球作为一项普及性强、影响力大的体育运动，不仅能够强健学生体魄，在立德树人方面更是发挥着重要作用。以足球运动为途径立德树人是笔者来到这里后一直思索的问题。下文旨在探讨如何在农村中小学足球特色学校中，通过足球运动使学生实现德智体美劳全面发展。

(1)足球运动的德育价值

团队合作精神：足球是一项集体运动，需要队员之间密切配合。通过足球训练和比赛，学生能够学会团队合作，理解集体利益高于个人利益的重要性。

公平竞争意识：足球比赛有明确的规则，学生能在参与中学会遵守规则，培养公平竞争的意识。

坚韧不拔的意志：足球训练和比赛中的挑战能够锻炼学生的意志力，教会他们在面对困难时不轻言放弃。

尊重与礼仪：足球运动强调尊重对手和裁判，这有助于学生形成尊重他人、礼貌待人的良好习惯。

(2)农村中小学足球特色学校的实践路径

课程设置：将足球纳入体育课程，确保每个学生都有机会参与足球运动。

师资培养：加强足球教练的专业培训，提升教练的德育意识和教学能力。

校园文化建设：通过举办足球节、足球知识竞赛等活动，营造浓厚的足球运动文化氛围。

家校合作：鼓励家长参与孩子的足球活动，共同关注孩子的德育发展。

社区联动：与当地社区合作，为学生提供更多的参与足球比赛和交流的机会。

(3)足球运动立德树人的成效与展望

学生全面发展：足球特色学校的实践表明，参与足球运动的学生在德智体美劳各方面都有所提升。

社会认可度提升：足球特色学校的学生在各类比赛中屡获佳绩，提升了学校的社会认可度。

未来展望：随着足球特色学校的不断发展，我们期待看到更多的学生通过足球运动实现自我成长，为乡村振兴贡献力量。

农村中小学足球特色学校在立德树人方面具有独特优势。通过足球运动，我们不仅能够培养学生的体育技能，更能够塑造他们的品格，为他们的全面发展打下坚实基础。让我们携手努力，让足球成为农村教育的一张亮丽名片。

3.健体锻德——赵宅中心小学的短兵特色课程

短兵是传统武术体系中的一个竞技项目，在我国有几千年的历史，一直是中华民族传统体育的精粹。为了更好地传承武术文化、加强国防教育、增强学生体质，2024 年 8 月，山东省教育发展促进委员会专家一行八人来到学校，进行实地调研。经协商，赵宅中心小学于 2024—2025 学年第一学期引进“短兵”

课程。“短兵”课程由肖云飞教练担任指导教师。肖教练是山东省教育发展促进会青少年专业委员会秘书长、广州市儿童安全教育协会副会长。为在中华传统武术项目短兵课程中实施德育，我们从以下几个方面进行了探究。

(1)以武术教学为中心，融入德育教育

将德育教育融入武术教学的各个环节，通过规范武术礼仪，严格以德育理论为指导思想，深化课堂教学改革。

在技能课程训练中融入德育思想，从规范武术礼仪做起，营造学习武术技能较为艰难的氛围，培养学生坚持不懈、顽强拼搏的意志品质。

(2)具身德育

探索“具身德育”方案，使“武德育人”具象化。通过身体的参与，切身感知与体悟武德内涵。同时注重丰富武术教师的武术德育知识储备，提升其对品德培育与技术教学的有机融合能力。

(3)坚持科学育人理念

引导学生在武术技理中激荡思维思想，优化“增值评价”的方法，为不同机能水平的学生创造更加融洽的习武氛围。

(4)加强与家庭和社区的合作

加强与家庭和社区的沟通合作，形成家校德育合力，通过家长学校活动，提高家长的综合素质，让家长支持鼓励孩子学武练武，共同参与学生的德育教育。

通过上述途径，我校在中华传统武术项目短兵课程中有效实施了德育，在培养学生的德行、意志品质、综合素质等方面收获颇多。

短兵不仅是一项体育活动，更是传承武术文化、感悟武术魅力的重要渠道。在肖教练的带领下习练短兵，同学们在强身健体的同时，还能培养规则意识、提高心理素质。相信赵宅中心小学的学子通过学习短兵文化，能更深入地懂得尊重与谦让，更透彻地明白秩序和礼节，也更能充分地提高身体反应能力和协调性。愿每一位赵宅中心小学的学子都能成为文武双全、礼术兼备、全面发展的好少年。

（二）以美绘德——《美德小报》的有效尝试

对美术教师而言，如何把美术课程与思政育人有效结合，是一个有待研究的课题。在一次画学雷锋手抄报的活动中，笔者忽然得到一个灵感，于是乎，一个新鲜事物——《美德小报》诞生了。利用创作手抄报的过程，在重要节点渗透德育，既能锻炼学生的绘画能力，又能在绘制的过程中借助文字、故事等，起到潜移默化的育人效果。

经过三年的实践，我们发现德育手抄报可以成为实现思想品德课程教学目的的重要载体。通过手抄报的形式，辅助和改善思想品德课教学，使德育根植于学生的自主活动体验，提高了德育的有效性。

在创作《美德小报》的过程中，我们充分利用了展现形式的多样性。利用手抄报内容丰富、形式活泼、短小精悍、交流快捷等特点，根据思想品德课的教学目标，引导学生使用文字符号、卡通形象、绘画、摄影等多种手段，让手抄报新颖生动、美观耐读，使学生记忆深刻。

德育手抄报不仅是一张“报纸”，而且是一个家校联系、互动交流、和谐教育的平台。要注重发挥阅读交流的重要性，通过学生、家长、老师的共同参与，通过对手抄报的阅读交流，我们能全面客观地检查和评价学生思想品德教育的知行情况。

每学期结束，将学生的手抄报汇编成集，一方面可作为重要的教学资源积累，使我们不断反思改进自身的教学；另一方面也可为以后的学生提供借鉴，使德育报越办越好。这是汇编成集的价值。我们还开发了《美德小报》的模板，即画面部分用统一印制的形式印制在专用手抄报纸张上，由学生自己上色，而空白部分由学生自行搜集素材，补充文字。学生的作品上交后，以班级为单位装订成册，形成不同主题的《美德小报》集。德育手抄报有效地改善了思想品德课的教学质量，解决了知行脱节和“行”得不到训练落实的问题，完成了从“知”到“行”的改变。办报的过程本身就是对学生的一种品德能力训练，这种训练是积极自主的、愉快的、无痕的。

之所以叫“以美绘德”，是因为实现了德育与美育的结合：在美术教学中渗透德育，可以优化德育成效，引导学生形成正确的道德观念和良好的道德素养。美术教育作为学科教育的一部分，在教学中渗透道德教育，是教学大纲对人才培养目标的适应。在美、德结合的同时还顺势完成了地方美术教育资源的开发。地方美术课程中渗透德育的意义，在于改变了以往道德品质教育的方式，有利于传播本地特色文化，有利于顺应当今社会精神文明建设的需要，有利于提升小学美术教育的效果。在小学美术教学中，通过深度挖掘课本中的德育素材、提升德育思想的指导性、提升德育教育的先进性、在创作中注入情感因素、挖掘美术作品中的隐性德育元素等策略，可以提升小学美术教育的效果。

综上所述，利用美术手抄报渗透德育的路径是有效的，不仅能够提升学生的道德认识和情感体验，还能够通过实践活动促进学生从知识到行为的转变，实现德育与美育的有机结合。

（三）红色研学——传承红色基因，厚植家国情怀

利用红色研学活动厚植家国情怀、传承红色基因，是一项重要的教育实践，它涉及多个层面和多种方法。

一是红色资源的利用。红色研学活动需要充分利用各地的红色文化遗产，这些遗产见证了党的奋斗历程，是珍贵的精神财富。通过课堂学习、社会实践、支部活动等方式，鼓励学生从珍贵文物、史料、故事中感悟中国共产党人的精神追求。二是情感基底的培养。通过深入学习中华历史文化，新时代青少年可以形成高度的历史文化认同感，坚定文化自信，为涵育家国情怀打下坚实基础。三是强化历史文化宣传，形成强烈的历史文化归属感。利用传统媒介和新媒体等传播主流价值观，讲好党的故事、中国的故事、中华民族的故事，营造家国情怀教育的社会氛围。注重历史文化载体的激活。遍布祖国大地的历史文化遗产是激发家国情怀、涵养民族精神的鲜活教材。通过实践参与，使学生丰富文化体验、感受文化魅力、增进文化认

同、坚定文化自信。四是理想信念的树立。传承红色基因，从革命历史中汲取营养，补足精神之“钙”，引领中国人民特别是青少年儿童自立自强、坚守梦想、勇往直前，从而实现中华民族的伟大复兴。

红色基因体现了中国共产党和中国人民的革命品格和高尚道德情操。传承红色基因，就是要以明大德之觉悟尽忠诚之赤心，练就忠诚于党、忠诚于国家、忠诚于人民的良好品格。

通过红色研学活动，让青少年了解英雄的先进事迹，探寻英雄的家国情怀，传承和弘扬先辈们奋不顾身、舍生忘死的崇高精神。为了实现这一目标，学校德育处在党支部的领导下，精心选择研学路线和地点，确保每一次研学都能让孩子们接受灵魂的洗礼和道德情操的涵养。红色基因中蕴含着丰富的革命精神，传承红色基因，就是要将这些精神作为培育新时代共产党人坚毅精神气质的宝贵资源。

2022 年，赵宅中心小学师生赴山东渤海军区教导旅革命传统教育基地研学。2023 年 11 月，赵宅中心小学师生赴乐陵冀鲁边区革命纪念馆瞻仰学习，在烈士纪念碑前列队敬礼。

图 4.15 学生在烈士纪念碑前列队敬礼

按照省、区、市教育主管部门关于研学活动的要求，我们严格依规办事，提前勘定路线，逐级报备，制定安全教育细则和应急处理预案，为所有参与活动人员购买意外险；同时派出教师全程带队进行管理，确保每一位学生在研学过程中始终在老师的视线范围内。研学结束后，每位学生都要完成一份研学报告，记录研学过程中的感性认识、理性思考及灵魂触动，以有效实现研学、写作、思政育人的有机融合。

通过红色研学活动，我们探索了厚植为民情怀的路径。传承红色基因，就是要厚植为民情怀，学深悟透以人民为中心的发展思想，把实现好、维护好、发展好最广大人民根本利益作为一切工作的出发点和落脚点。我们还探索了红色教育体系的构建。构建青少年红色教育体系，要注重激发青少年对党、对国家、对人民的热爱，培养青少年的社会责任感、创新精神和实践能力。

实践证明，红色研学活动能够有效地厚植家国情怀，传承红色基因，对培养新时代社会主义建设者和接班人具有重要意义。

耕读立德，推动学校高质量发展

德州天衢新区赵宅中心小学位于赵虎镇赵宅村，始建于1950年，于2016年迁入现校区。学校总占地面积5万平方米，教学楼占地面积4030平方米，校舍建筑面积5237平方米。广阔的校园内有大量的闲置土地，学校周边是广袤的基本农田保护区，有开展“耕读立德”教育的天然优势。随着越来越多的青壮年劳动力外出务工，农村学生的家庭教育、道德教育等出现了诸多问题。为从根本上解决这些问题，赵宅中心小学结合学校农村区位的特点，根植乡村，赋予“耕读”新的内涵，把农耕和阅读作为实现德育目标的途径，开发耕读立德特色育人课程，以立德树人为根本任务，坚持为党育人、为国育才，多渠道多途径开展乡村特色育人实践，在特色学校创建过程中收获了累累硕果。

一、耕以养德：学会生存技能，锻炼意志品质

习近平总书记指出：“中小学生是青少年的主体，是国家的未来和希望。中小学生要立志成才，必须勤奋学习、提高综合素质，努力做到修身立德、志存高远，勤学上进、追求卓越，强健体魄、健康身心，锤炼意志、砥砺坚韧。”赵宅中心小学的农耕课程便是在这样的背景下应运而生的。课程包括以耕养德、以耕提智、以耕健体、以耕生美、以耕代劳五个方面。以耕养德，即

通过乡村记忆馆、体验劳动，以及红色研学活动等，培养学生热爱劳动、坚韧不拔的意志品质。以耕提智，即利用班级耕种园、特色农艺班等，引导学生学习作物种植规律，感受现代化农业技术，提升学生的科学素养。以耕健体，即通过举办与体育相结合的“快乐农耕竞赛”“耕读趣味运动会”等活动，培养学生的健康意识与素养。以耕生美，即通过举办与农耕有关的艺术活动，如树叶绘画展示、谷物种子粘画展示、农耕谚语与节气诗歌童谣吟诵活动等，培养学生的审美观念和艺术素养。以耕代劳，即通过校内外劳动实践，如在耕种园内翻地播种、浇水施肥、采摘收获等，参加综合实践活动，培养学生热爱劳动的品格和生存技能。

(一)加强耕读劳动课程群建设

赵宅中心小学以培养学生爱劳动、会劳动、尊重劳动成果为目标，以综合实践体验为载体，通过组织学生参加日常生活劳动、生产劳动和服务性劳动，最终达到使学生形成正确劳动价值观和良好劳动品质的目的。

1.常规劳动教育课程

教师以教材为依托，以教学工具为辅助，科学指导学生进行相应的劳动学习，劳动课程侧重于学生多做，教师适当演示，更多的是创设轻松的氛围，指导学生多参与、多体会，使学生形成一种乐于劳动的心理愿望和性格特征。

2.校园劳动教育实践

在教学中借助生活劳动教材，培养学生的劳动技能，将课本知识与生活实际相结合，使学生学会劳动技能。同时，结合学校实际，让学生做一些力所能及的劳动。学生在劳动实践中实现自我成长，养成合作互助的好习惯，有利于形成健康向上、团结互助的校园氛围。

3.二十四节气串联学年耕读教育实践

以学校二十四节气课程为依托，以每个节气的气候特点、民俗特色为指导，根据学生身心发展特点，开展丰富多彩的劳动实践活动，使学生深入了解我国传统文化中的劳动文化。

4.重要节日拓展丰富劳动教育实践

以国家重大节日（如劳动节、端午节、中秋节、国庆节、春节等）为依托，以学生喜闻乐见的形式开展劳动实践活动，将节日相关特点和劳动教育有效结合，挖掘不同节日中的劳动素材，创新设计相关劳动活动，让学生注重劳动参与过程及感受，使学生深入了解我国重大节日背后蕴含的相关劳动文化和育人价值。

5.其他课程与劳动教育实践

在各学科中融入劳动教育内容，如学校在语文、道德与法治、艺术等学科中，渗透热爱劳动的观念；在数学、科学、信息技术、体育等学科中，培养学生劳动的科学态度、效率意识、创新精神；在综合实践课程中，培养学生善于探究、乐于体验的劳动素养。教师通过学科整合，寻找学科与劳动教育的契合点，开展跨学科综合实践活动。

6.劳动清单制度指导家庭劳动实践

学校主动探索1～6年级学生劳动家庭作业的系列化，形成了科学有效的劳动清单制度。该制度有利于家长指导学生的劳动实践,注重多元反馈评价,突出培养学生的自理能力,有利于实现家校共同监管,推进学生劳动养成教育,使学生习得基本的生活技能、生活经验、生活知识。学校通过劳动技能比赛为学生提供劳动展示的舞台,以此来激发学生的劳动热情、检验学生的劳动成果、磨炼学生的劳动意志,使学生逐渐养成积极的劳动意识、良好的劳动习惯、正确的劳动态度。

7. 社会劳动教育实践

充分运用各类活动和载体,为学生参加劳动提供路径,组织开展研学实践活动、志愿服务活动和校外公益活动等,努力培养学生尊重劳动的意识和良好的劳动行为习惯。

(二)校内创设条件进行耕种体验

赵宅中心小学以每周的劳动教育课程为依托,以学校二十四节气课程为线索,充分利用学校劳动教育实践基地、学生家中、校外实践基地等,广泛组织和指导学生进行生活、生产和服务性劳动,引导学生主动参与并亲身实践,从中体验劳动的乐趣,以劳动促进学生良好道德品质的养成与提升,促进劳动习惯的养成。

学校开辟了约 400 平方米的耕地,设计成“开心种植园”,根据二十四节气划分为不同的小块,做到班班有其田。各班自主设计种植粮食类或蔬菜类作物,自主种植管理。利用校园南部 5 亩左右的“桃李园”,种植各种果树,为学生普及扦插、嫁接等劳动技能。在指导学生体验耕种活动的基础上,传授农业生产知识，引领学生学习中国节气文化，开发校本课程《二十四节气——我知道》。校园是学校劳动教育的重要场所，是学生在做中学的基地。

（三）校外开发资源进行道德提升

学校严密组织，精心部署，将春季踏青赏花、暑期红色研学、秋季远足健体、冬季大棚体验作为实施农耕课程的重要抓手，引导学生热爱自然、热爱生活。学校与有资质的研学单位联手，利用假期组织红色研学活动，学习先烈功绩，厚植爱国情怀，传承红色基因，激发学生热爱祖国的情感；与周边农业合作社蔬菜种植基地携手，组织学生参观体验大棚蔬果种植，让学生体验现代农业生产技术，了解农作物的生长规律，体验科学技术对现代农业生产的影响，激发他们学习科学知识的欲望。

农耕课程从生活技能、意志品质、道德追求等多个方面进行渗透，通过践行吃苦耐劳的劳动课程，传递“勤耕立家”的生活观念，实现了传统耕读文化的创新与发展，收到了耕以养德的实践效果。

二、读以润德：诵读中华经典，浸润质朴灵魂

习近平总书记曾提出希望：“希望孩子们养成阅读习惯，快乐阅读，健康成长；希望全社会都参与到阅读中来，形成爱读书、读好书、善读书的浓厚氛围。”赵宅中心小学的阅读课程是将读、诵、吟、悟结合，同步实施乡村融合分级阅读与中华经典

诵吟的特色诵读课程，旨在读出品味、诵出传承、吟出经典、悟出思想。

（一）融合分级阅读

融合分级阅读以家庭为最小实施单位，结合教育部阅读书目，根据学生年龄阶段选择适当的书目，逐步推进师生在校阅读、家庭亲子阅读。设立分级阅读图书室，在教室、楼道内开设读书角，让学生可以随手读、随时读；开发阅读成长手册，记录学生的每一个阅读成长瞬间；举办教师读书沙龙、读书分享会等交流读书心得，促进教师阅读；评选最美书香家庭，给家长颁发“卓越伴读榜样”证书，鼓励家长亲子伴读，多措并举实现学校发展、家庭和谐、师生共同成长。

（二）特色诵吟

诵吟，即中华经典诵吟。经典诗文语言精练，意蕴深刻，是对青少年进行教育的重要资源，有利于学生树立正确的世界观、人生观、价值观，陶冶高尚情趣和道德情操。学校一方面编撰校本教材，确定必读本和选读本两种模式，以《静闻经心》《静闻诗心》《红音嘹亮》为必读本，以《静闻文心》为选读本。另一方面为《三字经》、《诗经》、帛书版《道德经》等经典进行谱曲，让学生在吉他与箫的伴奏下进行吟唱，每天利用上午上课前 20 分钟和下午上课前 15 分钟，进行分层诵吟，不同年龄段各有侧重。又结合二十四节气及安全教育需求，开展主题童谣征集、书法绘画比赛等活动，既进行了耕读教育，又进行了安全教育。目前，学校的放学铃声都是学生自创的安全童谣，定期更换，达到了安全提醒的效果。

（三）经典诵读

以国学小名士和经典诵读比赛为抓手，引导学生背古诗、诵古文，编排经典诵读节目，读以润德，读以启智，读以明理，读以增信。《小百灵学朗诵》是我校编写的普通话朗诵校本教材，包含吐字发音的技巧、朗诵时对声音的把握，以及不同作品的声音强度如何设计等内容。《红音嘹亮》是我校编写的红色经典诵读本，选录了适合小学生的红色经典故事，并配有二维码音频，便于学生聆听和朗诵。对话古圣先贤，传承中华美德。通过融合分级阅读与中华经典诵吟，体悟古人“耕读传家久，诗书继世长”的志向，感悟革命先辈“为中华之崛起而读书”的家国情怀，在二十四节气的轮回中，在国家纪念日的沉思内省中，实现道德品质的提升。

三、耕读立德：创新育人途径，探索评价机制

（一）创新德育实施途径，探索党建德育模式

1. 党建引领，以党建带队建

通过“大手拉小手，党建带队建”，以党建带动提升德育实践创新，将德育成果内化于心、外化于行。学校坚持把耕读教育与学校德育建设相结合，以五彩党建为切入点，将耕读文化充分融入学生的德育课程。在学校党支部的带领下，德育处通过开展丰富的德育主题活动，进一步坚定学生的理想信念，传承红色基因，赓续精神血脉。

2. 特色创建，以方案促德育

深化实施山东省优秀德育方案《德育根植润泽生命 特色管理绽放活力》，强化常规，立德于行。依托“开学第一课”“文明礼貌月”，加强纪律、卫生、文明、安全等学生日常行为规范的养成教育；依托“红领巾监督岗”、每周“流动红旗”评比，让学生的养成规范内化于心、外化于行，坚持不懈地抓好行为规范养成教育。每周利用国旗下讲话对学生进行常规教育，促进学生良好行为习惯的养成。坚持榜样引领，积极开展“文明班级”“文明学生”评选活动，树立榜样，引领成长。

以重要节日、纪念日为契机，挖掘德育资源。中华传统节日、国家重大纪念日和主题教育日等都蕴含着丰富的教育资源。我们要以仪式教育为抓手，丰富德育功能。仪式在人类生活中有非常重要的作用，承载着深厚的文化与历史意义，更蕴含着丰富的德育功能。学校以升旗仪式、入队仪式、开学典礼、毕业典礼等仪式为抓手，促进学生价值观的形成与行为养成。以社团活动为辅助，拓宽德育阵地。学校将社团活动课程化，即开设成为选修课，有固定的辅导教师、固定的活动时间与地点，每周开设两节课。丰富多彩的社团活动丰富了学生的课余生活，同时拓展了德育工作的新阵地。

结合特色劳动教育课程，开展劳动技能大赛。学生在包水饺、包粽子、叠被子、做缝纫、收拾归纳、割草锄地等比赛中各显其能。通过开展劳动技能大赛，引导学生形成热爱劳动的品质；对表现优秀的学生颁发“劳动能手”证书，进一步发挥评价的赋能作用，培养、提升学生的劳动素养。合理开展校园节日展演，在每年的丰收节或其他节日节点，让学生通过参加吟、唱、诵、展等系列活动，逐渐形成劳动人民最光荣的人生观，形成“劳动是生存之本”的认知自觉，从而培养、提升道德品质。

（二）构建多元评价体系，探索德育评价载体

有效的多元评价机制是耕读立德的支持系统，可以有效保障耕读活动的可持续推进，助推耕读立德课程的实施。多元评价体系的构建需注意以下两点。一是创新使用劳动清单。校内劳动清单包括班级事务性劳动、校园值日区、校园维护等，以班级评定为主。家庭劳动以学校制定的“家务劳动习惯养成清单”为依据，以学生自评、家长助评为主要评价手段，对学生日常生活劳动任务的相关表现进行评价。社区实践劳动需由学生申请并领取社区实践劳动评价表，在家长或老师的带领下，与同伴协作完成社会劳动，最后由社区工作人员对劳动表现做出评价。二是妥善利用两本手册，一本是素质教育报告手册，一本是阅读成长手册，针对学生每学期各个方面的表现进行自评、互评、教师评价和家长评价，对学生的综合表现给予全面、客观、公正的评价。

艰难困苦，玉汝于成。耕读立德育人实践将古代的耕读教育拆分融合，赋予了耕、读新的时代内涵，有效提升了乡村学校的德育水平。家庭、学校、社会携手，以耕筑基，普及基础农耕课程，让学生走进田野、体验劳作、养成良好的习惯品质；读诵吟结合，以读润魂，开发特色诵读课程，让学生徜徉书海、对话

先贤、传承中华优秀文化；耕读立德，创新德育实施途径，开发课程与评价体系，以立德树人为根本，全面实施育人课程，充分开展育人活动、育人实践，促进学生全面发展。近年来，学校获得了“山东省中华经典诵吟特色学校”“2021 年度全省学校安全工作先进集体”“山东省随班就读示范校”“山东省绿色学校”“山东省第四批乡村温馨校园”“德州市党建品牌示范校”等荣誉。2024 年 1 月，学校又被山东省教育厅授予“山东省书香校园”的称号。

我们将继续深化耕读立德育人实践，不断拓展提升，力争取得更好的成绩，为乡村教育振兴贡献自己的力量！